ルカ福音書を読もう 下

下に降りて見つける喜び

OIKAWA, Shin
及川 信

日本キリスト教団出版局

目次

装丁原案・桂川　潤、装丁・岩崎邦好

聖書の引用は、基本的に『聖書　新共同訳』（日本聖書協会）に基づく。

1　それでも招きに生きる（13・1―9）

侮蔑

13章から下巻が始まります。いきなり血なまぐさい話です。

ちょうどそのとき、何人かの人が来て、ピラトがガリラヤ人の血を彼らのいけにえに混ぜたことをイエスに告げた。（13・1）

当時ユダヤ人を支配していたのは、ローマ帝国の皇帝でした。その皇帝からユダヤ地方の総督に任じられたのがピラトでした。ユダヤ人はローマ帝国だけでなく、ユダヤ地方を支配していたイドマヤ人のヘロデ大王に、彼の死後はそれぞれの地の領主となった三人の息子たちにも税金を取られて苦しめられていました。その背景にあるのは、ユダヤ人に対する侮蔑です。ユダヤ人の側にも自分たちこそが神に選ばれた民であるという思想があり、異邦人に対する侮蔑がありました。お互いに侮蔑していたのです。ただ、権力を持っているのはローマ帝国の側です。

現代も、隣の国の人々とは敵対することがしょっちゅうあります。自分の国をまとめるために、国家ぐるみでそうすることも多いのです。民衆も自らを誇りたいがために、近隣の国の人々を侮蔑することがあります。

ピラトが、自らの宗教で捧げるいけにえの血と、迫害して殺したガリラヤ人（ユダヤ北部に住んでいるユダヤ人で、南に住むユダヤ人からも差別されていた）の血を混ぜるとは、ピラトの中にあるユダヤ人に対する侮蔑に満ちた残忍な在り方です。そのことを、イエス様に告げた人々がいました。

イエス様の答えはこういうものです。

「そのガリラヤ人たちがそのような災難に遭ったのは、ほかのどのガリラヤ人よりも罪深い者だったからだと思うのか。決してそうではない。言っておくが、あなたがたも悔い改めなければ、皆同じように滅びる。」（13・2―3）

『沈黙』という小説があります。カトリック信徒の遠藤周作が書いた小説です。それは、神様がいるのなら、悲惨な出来事が起こっている今、何か言ってくれ、何かやってくれと万人が抱く疑問、願望に取り組んだ小説です。数年前にはアメリカ人監督によって映画化されました。私たちは誰しも「神様がいるんだったら、こんなことは起こらないはずだ」「ここで何かなさるはずだ」と思うものです。当然です。しかし、神様は沈黙して何もなさらない。また、人間が残忍な侮蔑意識に満ちた思いを行為に移しても、何もなさらない。この世は不条理に満ちている。そういう思いにとらわれます。

しかし、「ここで神様は何か言うはずだ」「何かなさるはずだ」という思いは、「この時に神様は何か言わなければならない」「何かせねばならない」ということでもあります。そうだとすれば、自分は神様の上に立っており、神様は自分の言いなりの存在と考えていることになります。私たちは気づかぬうちに、神よりも上に立ってしまいます。だから、人の上に立つなんて当たり前のことです。

悔い改めなければ

私たちは重い病気になったりすると、「私は何も悪いことしてないのに」と言ったりします。悪いことをしたから、病気のようなものに襲われる。そういう因果関係があるとして説明したがるのです。いわゆる「応報思想」です。私たちは、説明できないことに不安を感じるものです。しかし、何でも説明してしまうと、ピラトに殺されたガリラヤ人や、シロアムの塔の下敷きになった十八人はエルサレムの住人の中で罪深い者だったからそういう目に遭ったんだとなります。つまり、自分は彼らに比べてはるかに罪が少ないから、こういう目に遭わないんだとなります。

そうでしょうか。私たちには分かりません。それは私たちが神ではなく、人間だからです。私たちは気づかぬうちに神より上に立ってしまい、「神はこうすべきだ」なんて言い始める。そして、自分はあの人に比べればはるかに罪が少ないと思い始める。そのことが人への侮蔑を生み出すのです。自分はピラトとは大違いだと思いつつ、実は彼と全く同じ人間なのです。

そういう人間に対して、イエス様はこう言われます。

「言っておくが、あなたがたも悔い改めなければ、皆同じように滅びる。」(13・5)

「悔い改め」と「後悔」あるいは「反省」は全く違います。「悔い改め」は「方向転換」です。自分のために生きてきたのが、神のために生きるようになることです。イエスをキリスト(救い主)と信じ、神に向かって生きることです。自分の罪を知り、その赦しのために十字架で神の裁きを受けてくださったイエス・キリストを信じて生きること、それが「悔い改め」です。そのとき、私たちは生死を貫いた命を生き始めるのです。この命に生きることのない命は、既に滅びに向かっているのです。イエス様は、私たちの滅びを望んでおられません。だから、イエス様は私たちを招くのです。

イエス様は続けていちじくのたとえを話されます。

「ある人がぶどう園にいちじくの木を植えておき、実を探しに来たが見つからなかった。そこで、園丁に言った。『もう三年もの間、このいちじくの木に実を探しに来ているのに、見つけたためしがない。だから切り倒せ。なぜ、土地をふさがせておくのか。』」(13・6—7)

ある人が、三年間もいちじくの木に実がなっているかと見に来ているのに一向に実がならないので、園丁に「切り倒せ。なぜ、土地をふさがせておくのか」と言うのです。当然のことです。

すると、園丁はこう言いました。

「御主人様、今年もこのままにしておいてください。木の周りを掘って、肥やしをやってみます。そうすれば、来年は実がなるかもしれません。もしそれでもだめなら、切り倒してください。」(13・8—9)

「御主人様」は神様、「園丁」はイエス様のことです。イエス様は、必死になって肥やしをやったりして、いちじくの木が実をならせるようにしてくださっているのです。そして、御主人様に「切り倒さないでください」ととりなしてくださるのです。

終末の遅延

聖書の中にこういう言葉があります。

愛する人たち、このことだけは忘れないでほしい。主のもとでは、一日は千年のようで、千年は一日のようです。ある人たちは、遅いと考えているようですが、主は約束の実現を遅らせておられるのではありません。そうではなく、一人も滅びないで皆が悔い改めるようにと、あなたがたのために忍耐しておられるのです。(Ⅱペトロ3・8—9)

初代教会にとって、終末の遅延は大問題でした。信仰をもってこの世を生きることは厳しいことです。この世は、イエス様を歓迎していたのに、結局は十字架につけたのです。イエス様の求める愛と赦しを生きることはできず、結局、イエス様を十字架につけてしまうのです。つまり、排除してしまう。その世の中を、イエス様に従って歩みたいと願って生きること、それは自分たちも排除されても仕方のない生き方をすることです。そのように生きつつ、イエス様がこの世にもたらした命への招きを伝えていくのです。その証しを支えるのは、「終末にはイエス様が再臨し、神の国を完成させ、信仰に生きた者は身体が贖われる」という約束です。その終末が、人間の目から見て遅れていると感じる時、私たちは踏ん張れなくなるものです。そして、次第に世に埋没し、侮蔑を生きてしまうのです。

そういう私たちの現実を知っているからこそ、イエス様は私たちのためにとりなしてくださるのです。ルカ福音書が伝えるイエス様の十字架の言葉はこういうものです。

「父よ、彼らをお赦しください。自分が何をしているのか知らないのです。」(23・34)

このイエス様のとりなしのおかげで、今も歴史は続いているのです。神はそのとりなしを聞いておられるのです。イエス様のとりなしは、ご自身の命を十字架の上に差し出すところにまで行き着くのです。そのとりなしのおかげで私たちは今も生かされ、そして招かれているのです。この方が、今も私たちを招いてくださっていると証しする。それが私たちの「悔い改め」です。

2　神の愛とは（13・10―21）

安息日

安息日というものは独特なものです。遊牧が仕事であっても、農耕が仕事であっても、七日ごとに休むという戒めは出てきません。どちらも生き物相手の仕事ですから日時など関係ありません。でも、休みなく働く者と休める者との差別が生じてきたのです。安息日の規定は十戒にあります。出エジプト記のものが有名ですけれど、申命記にも出ています。そして根拠が違うのです。そこで、両者を記しておきます。

出エジプト記ではこうなっています。

「七日目は、あなたの神、主の安息日であるから、いかなる仕事もしてはならない。あなたも、息子も、娘も、男女の奴隷も、家畜も、あなたの町の門の中に寄留する人々も同様である。六日の間に主は天と地と海とそこにあるすべてのものを造り、七日目に休まれたから、主は安息日を祝福して聖別されたのである。」(出エジプト記20・10—11)

申命記ではこうなっています。

「七日目は、あなたの神、主の安息日であるから、いかなる仕事もしてはならない。あなたも、息子も、娘も、男女の奴隷も、牛、ろばなどすべての家畜も、あなたの町の門の中に寄留する人々も同様である。そうすれば、あなたの男女の奴隷もあなたと同じように休むことができる。あなたはかつてエジプトの国で奴隷であったが、あなたの神、主が力ある御手と御腕を伸ばしてあなたを導き出されたことを思い起こさねばならない。そのために、あなたの神、主は安息日を守るよう命じられたのである。」(申命記5・14—15)

聖書と呼ばれるものに入った文書の書き手や読み手は、基本的にイスラエルに属する大人の男性です。それも、奴隷を持つことができる男性であると言えるでしょう。ここには、大人と子ども、男と女、身分の高い者と低い者、イスラエル人（同国人）と異邦人、人間と家畜が出てきます。それぞれの違いがあり、その違いが地上では差別になっていきます。ここでは明らかに、大人の男、そしてイスラエル人がトップに立ち、あとの人を見下すという社会があります。そして、その社会の中では、家畜も自分勝手に扱う対象に過ぎません。そういう社会の中で、大人の男性はまるで自分が神であるかのような錯覚に陥り、他の人々は自分の存在意義を見失ってしまうことがあります。

安息日は、そういう違いではなく、すべての人間は神の前で平等であることを確認するためにあるのです。国籍、人種、民族、性、年齢などの違いは関係なく、神に造られた者は人間であれ、動物であれ、平等である、互いに大切にしなければいけないと訴えているように思います。

そのことを、出エジプト記は神による天地創造を根拠に言い、申命記は、エジプトから脱出した救済の出来事を根拠に言っているのです。出エジプト記では闇から光を生み出した神、無から有を生み出した神、言ってみれば死から命を生み出した創造者たる神の愛が根拠なのです。それに対して申命記では、奴隷の家エジプトからイスラエルを導き出してくださった救済者たる神の愛が安息日の根拠なのです。創造や救済は神が小手先でやった業ではありません。神様の命がかかっているのです。創造は天地創造です。すべてのものの基礎を据えられたのです。そこで造られたものは「極めて良かった」（創世記1・31）のです。そして、その世界の維持管理を「神の像」、ご自分に「似せて」造られた人間（男女）に託されたのです。しかし、人間が作り出した世界は、差別に満ち満ちたものでした。人間はそのことによって、自分自身に与えられている神の像を失ってしまうのです。

『十戒』という映画を観たことがあります。その中で、鞭を振るうエジプトの奴隷使いに、モーセの後を継ぐことになるヨシュアが「神は人間を造った。しかし、人間は奴隷を作った」と言いました。本当にその通りだと思います。人間は自分を上げることで堕ちていきます。そして、さまざまな違いを愛する理由ではなく差別する理由にしてしまうのです。そのようにして、私たちは私たち自身の姿を失っていくのです。

安息日は、自分たちはさまざまな違いを持つ神の被造物であること、自分たちはかつて奴隷であったことを忘れないようにするために、神が定めたものです。この安息日を守り、神を礼拝する時に、私たちは自分の本来の姿を知るのです。そして、私たち一人ひとりに対する神の愛を知るのです。その愛をもって互いに愛し合う時に、人間は神が与えてくださった姿を取り戻していくのです。

サタンの束縛

その安息日に、イエス様が会堂で群衆に語っていました。そこに、十八年間も腰の曲がった女性が来たのです。イエス様は彼女を呼び寄せ、「婦人よ、病気は治った」と言って、彼女の上に手を置かれました（13・12―13）。病気は即座に治り、彼女は「神を賛美」し始めました。それを見た会堂長は、イエス様が安息日に女性を癒やされたことに腹を立てたのです。しかし、イエス様は単に病を癒やしたわけではありません。イエス様は、こう言われました。

「この女はアブラハムの娘なのに、十八年もの間サタンに縛られていたのだ。安息日であっても、その束縛から解いてやるべきではなかったのか。」（13・16）

会堂長や彼を支持する人々の中に、女性差別があったことは間違いないでしょう。また、病は罪に対する神の裁きだという考え方もありました。彼らは二重の意味で彼女を差別していたのです。しかしイエス様はこういう人間一人ひとりを愛し、神の被造物であることを知らせます。そして、神を賛美する人間に造りかえていく。そこに、人間の真の救済があります。

からし種とパン種

先日、からし種を見る機会がありました。まさに吹けば飛ぶような小ささです。しかし、成長すれば空の鳥が巣を作るほどの大きさになるとイエス様は言われます。

最初は目にもとまらないような小さいものが、土の上にまかれると、気が付かないうちに大きくなっている。最初の小ささと、後の大きさに注目すべきだと思います。人間の目から見て無価値とされ、捨てられたものであっても、神から見れば高価なものであり、神が成長させてくださるのです。神の国(神の支配)とはそういうものだと、イエス様は言われているのでしょう。パン種は粉に入れてしまえば、人間の目にはとまりません。でも、粉に入れれば、少ない量でも「やがて全体が膨れる」(13・21)のです。これも、神の国のたとえです。これは、大小とか、神による成長というより、影響力が絶大であるという話であるように思います。パン種が粉に入っているならば、量はわずかでも粉全体を膨らませる。パン種とはそういうものである。

たとえの前半は大小のことで、後半は影響力のことでしょう。でも、両方とも、神様が成長させてくださることに変わりはありません。量を増やすのも、粉全体を大きくするのも、神様がしてくださることです。

しかし、「果報は寝て待て」のように、私たちは寝ていればよいわけではありません。以前「種を蒔く人のたとえ」(8・4—15)を読みました。種は御言葉のことである、私たちが良い畑であるなら、御言葉は百倍の実を結ぶという話です。これも神の国のたとえです。私は、種蒔き人の姿に心を打たれます。道だろうが、岩地だろうが、後に茨が生えてくる地だろうが、良い畑だろうが、上から見る限りどれも土であり、変わりないのです。この人は、すべての地に大切な種を蒔きます。無駄になっても、種を蒔くのです。そこにイエス様の愛と赦しがあります。神の国とはイエス様の姿に現れていると思うのです。イエス様は、希望をもって人を愛し、自分のことを十字架で処刑する者たちの罪が赦されるように祈られるのです。「父よ、彼らをお赦しください。自分が何をしているのか知らないのです」と祈りつつ、イエス様は死なれました。この愛と赦しによって私たちは今も生かされているのです。イエス様の十字架こそが、この世界に「平等」を造り出すのではないでしょうか。

3　イエス様が歩んだ道（13・22―35）

エルサレム

今回の箇所にはエルサレムが印象的なかたちで出てきます。書き出しはこうです。

　イエスは町や村を巡って教えながら、エルサレムへ向かって進んでおられた。（13・22）

少し後で、イエス様はこう言われます。

「だが、わたしは今日も明日も、その次の日も自分の道を進まねばならない。預言者がエルサレム以外の所で死ぬことは、ありえないからだ。エルサレム、エルサレム、預言者たちを殺し、

自分に遣わされた人々を石で打ち殺す者よ」(13・33―34)

イエス様は、エルサレムに向かって歩んでおられる。それは観光のためではなく、殺されて死ぬことに向かって歩んでいるのです。首都と言うべきエルサレムに自分の道が向かっている。権力者たちに排斥され、人々に罵声を浴びせられる死刑に向かっている。それは耐えがたいことです。

エルサレムは、当時の社会の象徴だと思います。イエス様は今、ご自分を排斥する社会の中で愛を説き、赦しを説いているのです。その愛と赦しが、人間の社会を根底からひっくり返すのです。人間は表面的には変革を求めています。でも、心の奥底では自分は変わりたくないのです。だから、愛と赦しに生きるために自己崩壊を求め、新しくなることを求めるイエス様を排斥してしまうのです。そのことを知りつつ、イエス様はエルサレムに向かわれる。そこにしか、私たちの救いの道はないからです。

先日、ある牧師が、モーセの時もヨシュアの時も民の多くはよく分かっていない人だったんですよ、と言いました。なるほどなあと思い、気が楽になったような、重くなったような思いがしました。教会の現実を見てもそうです。私はかつて受洗準備会を丁寧にやっていました。そのすべてをクリアして受洗しても、現在礼拝に出席している人は半分程度です。何も分からないまま「牧師に言われたから」と洗礼を受け、紆余曲折はあったものの、今も礼拝に出席している人が何人もいます。もちろん、両者とも今後どうなるかは分かりませんし、私も同様です。しかし、「主よ、救われる者は少ないのでしょうか」（13・23）という疑問はもっともだと思います。

その後のイエス様とその場にいた人々との対話で目立つのは、「お前たちがどこの者か知らない」（13・25、27）というイエス様の言葉です。そして、「神の国」（13・28、29）という言葉も繰り返されています。問題は、イエス様の周囲にいる人々の自己認識です。彼らは、自分たちは「アブラハム、イサク、ヤコブやすべての預言者たち」（13・28）の子孫だと思っており、神に選ばれた民だと思っている。まさか自分たちが、「外に投げ出されることになり、そこで泣きわめいて歯ぎしりする」（13・28）ことになるなんて思ってもいませんでした。31節にはファリサイ派の人々が登場しますが、ファリサイ派に限らず、ユダヤ人は神に選ばれており異邦人は神に捨てられていると考えていました。だから神の国には自分たちが入り、異邦人は入れないと決めていたのです。

しかし、イエス様が言っている神の国に生きる人は、家系とは関係がありません。ユダヤ人であるかないかとは関係なく、アブラハム、イサク、ヤコブ、そして預言者たちも、信仰によって神の国に生きるのです。そのことが分からず、悔い改めを拒む限り、神の国に生きることなどできようはずがありません。

イエス様は相手が誰であってもそのことを求めます。一緒に食事をしたことがあるとか、礼拝で説教を聞いたことがあるとか、そういったことは関係ないし、むしろ、そういうことを頼ること自体が不義なのです。そういう者たちは「皆わたしから立ち去れ」（13・27）と家の主人に言われてしまうのです。

今は招きの時です。悔い改めの時です。それまでの自分は崩壊し、新しい自分が生まれる時なのです。その時をわきまえなければいけません。いつまでも戸は開いていないのです。「家の主人が立ち上がって、戸を閉めてしまってからでは」（13・25）遅いのです。イエス様は、その点でも私たちの感覚に真っ向から反対するのです。そういうイエス様が、エルサレムに向かう。危険でないはずがありません。

ヘロデ

ファリサイ派は、律法主義者としてはイエス様に敵対する者ですが、庶民です。権力を持つヘロデに苦しめられています。そのヘロデにイエス様は殺されるかもしれないと彼らは思っていました。そこで、イエス様にここを「立ち去る」ようにと言ったのです。しかし、それに対してイエス様は、「行って、あの狐に、『今日も明日も、悪霊を追い出し、病気をいやし、三日目にすべてを終える』とわたしが言ったと伝えなさい」（13・32）と言われたのです。

イエス様の悪霊追放、病気の癒やしは、ただの追放や治癒ではありません。そこに「三日目にすべてを終える」とあります。そこで暗示されていることは、十字架の死と三日目の復活です。それは、エルサレムで起こったことです。神の国は、この十字架の死と復活の命によってもたらされるのです。

そして、イエス様は、「自分の道を進まねばならない」（13・33）と言われました。「ねばならない」は、ギリシア語では「デイ」という言葉が使われています。ここでは「神の意志」「神の決定」を表します。その意志を果たすことを自分の使命として受け取り、イエス様はエルサレムに向かって行かれるのです。悪霊追放、病気の癒やしの根幹でもある十字架と復活に向かわれるのです。神様は、これまで何度もユダヤ人を招いてきました。真の神の民として生きてほしいからです。めん鳥が雛《ひな》を集めるように彼らを招いてきたのです。そのために預言者たちを遣わしたのです。しかし、エルサレムに象徴されるユダヤ人は、悔い改めて神の許に帰ることを拒みました。彼らに限らず、人間は、自分たちは正しい民だと思っているからです。

神の民

イエス様は、こう言われます。

「見よ、お前たちの家は見捨てられる。言っておくが、お前たちは、『主の名によって来られる方に、祝福があるように』と言う時が来るまで、決してわたしを見ることがない。」（13・35）

神に選ばれた民は、「見捨てられる」とおっしゃるのです。神はユダヤ人を何か素晴らしいものがあるから選ばれたのではありません。また大きな民で、力を持っていたから選ばれたのではありません。彼らは、かつてエジプトの奴隷でした（申命記7・6―8）。いつか消えてもおかしくない民だったのです。そういう民に神の律法を与え、唯一の神をひたすら愛すること、自分と同じように人を愛することを教えられたのです。彼らがこの律法を生き、世界中の民に神の愛を表すことにおいて、彼らは神から使命を与えられた、神に選ばれた民なのです。しかし、彼らは律法を曲解して自らを誇る道具にしてしまったのです。そういうユダヤ人の中で、悔い改めて救いに至る人が少ないことは言うまでもありません。

しかし、神に見捨てられたのは誰なのでしょうか。マルコ福音書の十字架の場面はこうです。

「わが神、わが神、なぜわたしをお見捨てになったのですか」（マルコ15・34）

ルカ福音書ではこうです。

「父よ、彼らをお赦しください。自分が何をしているのか知らないのです。」(23・34)

「神に見捨てられる」という裁きを受けつつ、自分を十字架につける人々(そこには権力者も庶民もいます)の罪が赦されるように祈る。それは、私たち人間ができることではありません。そういう意味で、イエス様の愛と赦しは根底から人間社会を逆転させるものです。その社会は、ユダヤ人も異邦人も関係なく、人間の社会です。その社会を作り、その社会の中で生きている私たち一人ひとりを神の国に生きるようにと、イエス様は招いてくださっているのです。そこにエルサレムに向かうイエス様の道が、「主の名によって来られる方」(13・35)の姿があるのです。

4　招きに応えるとは（14・1―24）

安息日

昔から一年は三六五日で四年に一回はうるう年にすると決まっていたわけではありません。基本は、月の満ち欠けを基準とする太陰暦でした。さまざまな祭りが月の満ち欠けに従って催され、季節（時）を区切っていたのです。四季がある国ばかりではありませんけれど、雨季と乾季、夏と冬という季節はあります。時の流れの中で、種蒔きの季節、刈り入れの季節、毛の刈り取りの時などが決められていました。今言ったことでも分かる通り、狩猟採集時代が終わってから、人間の生活は牧畜と農耕が基本になっていったと思います。牧畜や農耕からは、一週間を七日で区切ったり、七日目を安息日として仕事を休むという発想は出てきません。家畜も作物も、六日目とか七日目なんて関係ありません。麦や羊は、水や餌が毎日必要です。だから、安息日とは人間の必要から決められたものではなく、神様によって決められたものです。

晴れようが雨が降ろうが、安息日には仕事を休む。大人も子どもも、男性も女性も、主人も使用人も、ユダヤ人も外国人も、この日は仕事を休む。仕事をしたくてもできない。そのようにしながら、すべてのものが神に造られた被造物であることを自覚し、互いに尊重し合い、愛し合う。そして、自分たちは神に救われなければならぬ罪人であることを自覚し、神の前に罪の赦しを求めてへりくだる。そして、仕事で得る糧そのものではなく、それらを通しても示される神の愛と赦しによって生かされていることを承認し、自分たちの間でもその愛と赦しを生きることを目指すようにと、神様は安息日を定めたのです。十戒に記されている「安息日を心に留め、これを聖別せよ」(出エジプト記20・8)という戒めは、人間の願望から生まれたものではありません。神様が定めたものです。神様が、私たちの幸せのために定めたのです。それがどういうものであるのかを考えていきたいと思います。

安息日にしてはならないこととは具体的には何であるか、そのことが分からなければ、どうやって聖とすればよいのか、また守ったらよいのか分かりません。自ら聖となるために、ユダヤ人は細かい規定を作っていきました。安息日に病の癒やしをすることは、安息日規定を破ることになっていました。その規定を破る者が罪人なのです。ファリサイ派とは、罪人の対極にいる聖なる人々です。

イエス様は、ファリサイ派の議員に招かれ、食事をするためにその家に入られました。そこに水腫を患っている人がいたのです。そこで、イエス様は、そこにいる人々に問われました。

「安息日に病気を治すことは律法で許されているか、いないか。」（14・3）

「彼らは黙って」（14・4）いました。人の目を気にしていたのです。そこで生きているのですから当然です。この世で「あの人は変な人だ」と言われてしまえば、生活上で相当な苦労を覚悟しなければいけません。そのことを恐れて、彼らは沈黙したのです。

そういう社会の中で、イエス様は安息日に水腫の人を癒やしました。そして彼らに、「自分の息子か牛が井戸に落ちたら、安息日だからといって、すぐに引き上げてやらない者がいるだろうか」（14・5）と問われたのです。彼らは、この問いに対しても何も答えられませんでした。答えが分からなかったのかもしれないし、分かっても言えなかったのかもしれません。

そういう人々を見ながら、「あなたたちは、誰の眼差しを気にしながら生きているのか、神様が安息日を定めた意図は何なのか」と、イエス様は問うているのです。その問いに、私たちはどう答えるのでしょうか。

4　招きに応えるとは　（14・1―24）

招き

次は二つのたとえが語られています。いずれも「招き」と「幸い」をテーマとして、信仰に生きることについてイエス様は語っています。

最初のたとえでは、婚宴に招くのは自分ではなく、自分は招かれた存在であることが明確です。無意識のうちに、私たちは高ぶり、自分は上席に座って当然だと思っているのです。自分は、生まれたくて生まれて来たわけではないし、国、時代、性別、親、自分の容姿、才能、環境……何もかも自分で選んだわけではない。死ぬ時も場も分からない。すべて、気が付いた時には、そこにあったものです。それなのに、私たちはすぐに「私の人生をどうしようと私の勝手だ」と思っている。人生とか命の主人は、自分だと思っている。しかし内実は、高ぶりとは反対に「自分は人にどう見られているのか」とビクビクしているのです。私たち人間は、そういう矛盾を内に抱えています。

イエス様は、そういう人間に囲まれつつ、自分を食事に招いてくれた人に、返礼できる人ではなく、できない人を招きなさいと言われました。そして、こう続けられたのです。

「そうすれば、その人たちはお返しができないから、あなたは幸いだ。正しい者たちが復活するとき、あなたは報われる。」（14・14）

この世における報いは、返礼に過ぎません。しかし、神の報いは世の終わりに完成する神の国における復活です。比較になりません。でも、前者は今のことですし、目に見えることです。復活が実現するのは将来のことです。でも、復活に至る命は今既に与えられ、生き始めるものです。しかし、それは肉眼で見えるものではありません。心の目で見るものです。肉眼で見える世界だけを世界と思い、その世界における返礼を求める者は、目に見えるものを求めます。しかし、そこに幸いはありません。それを幸いと思わせるのが、蛇のやり方です（創世記3章）。

神の国

食事を共にしていた一人が、イエス様の言葉を聞いて、思わずこう言いました。

「神の国で食事をする人は、なんと幸いなことでしょう」（14・15）

ここで「神の国」という言葉が出てきます。今までの出来事やたとえ話は、すべて神の国の現実を表すものでした。

そこで、イエス様はまた神の国を表すたとえ話をしました。ある人が、盛大な宴会を催そうとして大勢の人を招いた。時刻が来て僕が迎えに行くと、「畑を買ったから見に行かねばならない」とか「牛を買ったばかりだから」とか、「妻を迎えたばかりだから」という理由で招かれた人は断ってきたのです。そのことを僕から聞かされた主人は、町の広場や路地から、体の不自由な人々を連れて来なさい、と僕に命じます。僕が命令通りにしても、まだ席がありました。そこで、主人はこう言いました。

「通りや小道に出て行き、無理にでも人々を連れて来て、この家をいっぱいにしてくれ。」（14・23）

そして、こう続けられたのです。

「言っておくが、あの招かれた人たちの中で、わたしの食事を味わう者は一人もいない。」（14・24）

当時のユダヤ人の規定の中では、身体の不自由な人は罪人でした。律法を守れないことが多くあったし、罪に対する神の罰がそのような形で与えられたのだとされていたのです。そして、通りや小道にいる人々とは、宴会に招かれてはいない人々です。神に選ばれた民であると自負していたユダヤ人から見れば、律法を持たない異邦人、神に見捨てられた罪人です。

でも、イエス様から見れば、神の国に招かれていたユダヤ人は安息日に込められた意味を理解することなく、人を罪人だと判定する規定を作り出してしまった人々です。そして、彼らは高ぶりに陥り、「神、神」と口では言いながら、行動は人からの報いを求めて、返礼してくれそうな人を食事に招いている。しかし、そこに人間の幸せはないとイエス様は言われるのです。

人間の幸せは、神のみが与えることができる復活にある。倫理的な意味ではなく、神に向かって生きている意味で正しい人々が復活させられる日に向かって生きることにあるのです。悔い改めを通して、御子が再臨した時の救いの完成を、今から望み見る。十字架の死と復活の命を通して基礎づけられた神の国への招きに応えることから、この幸せは始まるのです。

5　洗礼を受けたキリスト者として　（14・25―35）

自分の十字架

マーティン・ルーサー・キング・ジュニアという牧師がいました。彼はアメリカの白人たちによる徹底した黒人差別に対して公民権運動を展開し、ベトナム戦争に対する反戦運動も展開することになった人です。その彼がこういう言葉を残しているそうです。

「もし人が死ぬに値する何ものかを発見しなかったならば、その人は生きるに値しない」

「私はわが民の自由のために立ち上がって死のう」

死の危険があっても、人間の自由のために立ち上がり前進することが、彼の生きる道だったのです。そのようにしてしか、キング牧師は、主イエスに従うことはできませんでした。もちろん、彼は恐れにとらわれることもありました。自身だけでなく愛する家族までも死の危険があるからです。ある日の真夜中、この状況に耐えきれなくなった彼は自分を落ち着かせるためにコーヒーを淹れ、その上にうつぶせになって祈り、自らの弱さを神様に打ち明けました（この祈りは「コーヒーカップ上の祈り」として知られています）。そして、「闘い続けよ、決して一人にはしない」というイエス様の声を聞いたのです（梶原寿『約束の地をめざして　M・L・キングと公民権運動』新教出版社、一九八九年、78―81頁参照）。

神様は、ご自身の御心に従う者を決して独りにはしないという約束です。この約束を心新たに信じたキング牧師は、こう語ります。

「われわれは白人兄弟たちを、たとえ彼らが何をなそうとも、愛さなければならない。われわれが彼らを愛していることを知らせなければならない」

「イエスは今も何世紀もの時代を越えて叫んでおられる。『敵を愛し、あなたがたを呪う者を祝福しなさい。悪口を言う者のために祈りなさい』」

キング牧師が暗殺される前日に語った有名な演説があります。その中で、キング牧師はこう言っています。「ほかの人と同じように私も長生きをしたい。……しかし私は、今そのことにもこだわってはいない。私はただ神のみ心を行ないたいだけである。神は私に山に登ることをお許しになった。……そして私は約束の地を見た。……私は何も心配していない」（梶原前掲書、193頁）。その翌日、彼は狙撃されてしまったのです。しかし、彼が神から与えられ、語り続けた夢は、彼の死によってついえたわけではありません。私たちの救いのために、ご自分の命を捨てて愛してくださる主イエスを信じ、主イエスの御心に従って生きる。主のために生き、主のために死ぬ。それが、「自分の十字架を背負ってイエス様についていく」ということです。キング牧師は、キング牧師に与えられた服従の道を兄弟姉妹たちと共に生きたのだと思います。そして、そういう歩みをする者と共に神はいてくださり、支えてくださるのです。

わたしの弟子

イエス様の後ろには大勢の群衆がいました。彼らはイエス様について来た人々です。イエス様は、彼らの方を振り向いて言われました。

「もし、だれかがわたしのもとに来るとしても、父、母、妻、子供、兄弟、姉妹を、更に自分の命であろうとも、これを憎まないなら、わたしの弟子ではありえない。自分の十字架を背負ってついて来る者でなければ、だれであれ、わたしの弟子ではありえない。」（14・26―27）

ここに出てくる「憎む」とは感情的な憎しみではなく、選択的なことです。自分の家族、自分自身よりイエス様に従っていくことを選ぶ者でなければ、イエス様の「弟子ではありえない」し、自分の十字架を背負ってついて来る者でなければ、イエス様の「弟子ではありえない」のです。これは「弟子であることはできない」ということです。

イエス様に服従することは、気分の問題ではありません。それまでの自分ではなくなることです。それまでの自分は崩壊し、新しい自分が出発することです。そのこと抜きに、イエス様の弟子であることはできないのです。

私たちはよく「より良い自分になりたい」と思いますけれど、「新しい自分になりたい」とは思わないものです。そして「自分の十字架」を重病とか災害とか、変わることのない不遇とか解釈します。しかし、キング牧師にとって「自分の十字架」とは、暴力をもって迫害する白人を、黒人が「兄弟」と呼ぶことです。つまり、彼らを愛し、彼らを赦し、いつの日か彼らと手を取り合っていくことです。これが新しい自分になるということです。新しい自分になり、平和へと向かうためには、イエス様の十字架と復活が不可欠です。

私たちは誰だって、愛せない人、赦せない人を抱えているものです。その現実を見ることなく、「愛だ、赦しだ」と言っても、それは意味のないことですし、イエス様の弟子であることはできないことです。イエス様と一緒にいることと、イエス様の弟子であることとは全く違います。

洗脳という言葉があります。今では宗教＝洗脳というイメージが広がってしまい、困ったものだと思います。でも、イエス様は洗脳するのではなく、イエス様の弟子として服従していく内容を明らかにし、覚悟を問われます。イエス様に服従するということは、十字架に向かっていくことです。愛と赦しに向かって生きていくことです。それは、決して楽なことではありません。しかし、そこにしか希望はないでしょう。

続いて、塔を建てる話と敵と戦う王の話が出てきます。両方とも、よく考えることなく事をし始めることがないように警告しています。繰り返しますけれど、イエス様の弟子であり続けることは気分でできることではありません。刹那的に高揚した気分でキリスト者になっても、必要がなくなったり、ちょっとした苦難が襲ってくるとやめてしまうのであれば、弟子になどならない方が良いでしょう。

私はよく「神の教会か、自分の教会か」「神のための信仰か、自分のための信仰か」と言います。教会も信仰も、自分のためであるなら、自分にとって良い教会かどうかが問題であり、自分の心に平安を与えてくれるか否かが問題なのです。自分の思い通りにならない教会は必要なくなりますし、他のもので平安が与えられれば信仰は必要なくなります。いつも自分が中心なのです。でも、実は自分が自分のことを知らないことがよくあります。だから、自己中心的な判断基準で「自分にとって良いこと」を選び、そのことによって自分の内部が崩壊しているのに、そのことに気づかない。そういうことがしばしばあります。

それに対して、イエス様は罪人である私たちが神様の方を向いて生きていけるように、ご自分の命までも捨ててくださったのです。罪人が受けるべき神の裁きを、身代わりになって受けてくださったのです。それがイエス様の十字架です。今は、その十字架への道を生きているのです。

イエス様は、「一緒について来た者たち」の方を振り向いて言われました。この言葉を読むと、私はどうしても「主は振り向いてペトロを見つめられた。ペトロは、『今日、鶏が鳴く前に、あなたは三度わたしを知らないと言うだろう』と言われた主の言葉を思い出した」（22・61）を思い起こします。

私たちには、イエス様のような愛はありません。でも、私たち罪人が、神様の方に向いて生きることができるように、十字架にご自身の命を差し出した愛に応えて生きたいと願います。そのことをしなければ、私たちは陰府の暗闇に向かって生きるしかないからです。

神様は、十字架に磔にされて葬られた方を復活させ、昇天させて「主」として王座に据えられました。そして、御子と共に聖霊を降し、私たちに信仰を与えてくださったのです。その信仰において、私たちはイエス様に結びつき、それぞれに自分の十字架を背負って前進させられるのです。それは、陰府の暗黒に向かっての歩みではなく、復活の栄光に向かっての歩みです。そこを見つめていなければ、私たちはだれ一人として、イエス様の弟子ではあり得ません。

塩気がなくなれば

私たちは教会に生きるキリスト者です。この世は、私たちをイエス・キリストから引き離そうとする誘惑に満ち満ちています。宗教改革の先陣を切ったマルティン・ルターは、さまざまな誘惑、試練を経験しました。そういう時、彼は「私は洗礼を受けている」と叫んだそうです。それは、「私の救いのためにイエス様は一切を投げうってくださった。私はそのように愛されている。だから、今日も、私はイエス様の弟子として歩もう。イエス様を愛し、この身を捧げよう」という叫びだと思います。私たちも、洗礼を受けたキリスト者として最期まで生きましょう。

6　見つける喜び（15・1—10）

差別、いじめ、罰

『ぼくはイエローで、ホワイトで、ちょっとブルー』（ブレイディみかこ著、新潮社、二〇一九年）という本の中に「ぼくは、人間は人をいじめるのが好きじゃないと思う。……罰するのが好きなんだ」（196頁）という言葉が出ていました。イギリスに住む十二歳の男の子が言った言葉です。本の著者は彼の母親であり日本人女性です。彼女の夫はアイルランド人です。二人の間に生まれた子がノートの端っこに書いていた言葉が、本の題名になったそうです。彼は、以前は「ホワイト」でしたが、最近は「イエロー」が強くなったそうです。つまり、以前は白色人種であったが、今は黄色人種であるということです。そういう外見的なことが差別を生み出し、それがいじめになり、罰することにつながる。イギリスだろうが日本だろうが、世界中どこでもその現実は変わらないでしょう。そういう人間社会の現実を知ることを通して、気分は「ブルー」（憂鬱《ゆううつ》）にならざるを得ない。

これは子どもの現実です。でも差別やいじめによって罰せられるのは、むしろ大人たちの現実でしょう。今ではハラスメント（嫌がらせ）という言い方が定着しています。私たちはハラスメントに満ちた現実の中を生きていますし、時にこういう現実を作り出す当事者です。そして、本当に痛ましいことですが、ハラスメントを受けた人が、誰にも相談できない孤独の中に追い込まれてしまい、自ら死を選んでしまうことがあります。自分の尊厳、自分の存在を否定されてしまったら、私たちは生きていけません。人をいじめ、罰し、ついには存在を否定してしまうこと、それは、国籍、身分を問わず人間が持っている体質なのかもしれません。自分が罰せられないために、人を罰する側になる。

ファリサイ派の人とか律法学者は、律法の言葉をよく知っており、それを生活の中で守っている人です。そのことで、神に義とされている義人だと自認している人です。それに対して「徴税人や罪人」というのは、生活の中で律法など守りようがない人々です。だから、そういう人々は、神に見捨てられていると思われていた人でした。彼らが神の国に入れるわけがなかったのです。しかし、そういう人々が、イエス様の周囲には集まってきました。イエス様が彼らも神の国に招いたからです。それは当時考えられないことでした。しかし、考えてみれば当時だけでなく今でも考えられないことです。

この世は人が持っている能力や富を見ます。その能力や富などが役立つかどうかを見るのです。それが役立てば重宝がられますし、役立たなければ「能無し」「役立たず」と排除されます。だから私たちは必死に能力を身につけ、富を求めたりします。自分は役に立つ人間だとアピールするのです。自分の持っているものの価値と自分自身の価値は違いますが、この世で求められることは自分が「持っているもの」です。そして、次第に自分の目も世の見方になじんでいくものです。

私はよく「私たちは神の被造物だ」と言います。神に出会い、自分は神に造られた者であると知るまでは、自分が持っているものの価値を高めることに、必死になるしかありません。

旧約聖書にこういう言葉があります。

ヤコブよ、あなたを創造された主は
イスラエルよ、あなたを造られた主は
　今、こう言われる。
恐れるな、わたしはあなたを贖う。
あなたはわたしのもの。
わたしはあなたの名を呼ぶ。

わたしの目にあなたは価高く、　貴く
わたしはあなたを愛し
あなたの身代わりとして人を与え
国々をあなたの魂の代わりとする。（イザヤ書43・1、4）

わたしに聞け、　ヤコブの家よ
イスラエルの家の残りの者よ、　共に。
あなたたちは生まれた時から負われ
胎を出た時から担われてきた。
同じように、　わたしはあなたたちの老いる日まで
白髪になるまで、　背負って行こう。
わたしはあなたたちを造った。
わたしが担い、　背負い、　救い出す。（同46・3―4）

神様のこの言葉が自分に語られた言葉だと分かった時、私たちは初めて自分が持っているものに対する眼差しではなく、自分自身に対する神の眼差し、私たちを救わんとする愛の眼差しを知るのです。この世が私たちを造ったのではなく、神が私たちを造ったのです。そして、神に失敗はありません。神から見て失敗作なんてないのです。すべての人間に、神が与えた業があるのです。私たちは、その業をすることによって自分になっていくのです。なぜなら、神様が一番私たちのことを考えてくださり、私たちのことをご存じだからです。そのことを知り、認めること。それは、それまでの自分が崩壊して新しい自分になることです。それが「悔い改め」です。反省ではなく方向転換なのです。それまでは自分のために生きていた、しかしこれからは神様のために生きるということです。そうすることで結果的に「自分のために生きる」ことになるのです。

一匹の羊

一匹の羊は迷える羊です。この世にうまく適合できず落ちこぼれた人を表しているのでしょう。もちろん、この世においては九十九匹の羊のほうが大事です。しかし、この羊飼いは、迷える羊を見つけ出すまで捜し回るというのです。そして、見つけ出したら、その羊を担いで家に帰り、近所の人や友人を呼んで「一緒に喜んでください」（15・6）と言うのです。この羊飼いは、言うまでもなくイエス様のことでしょう。イエス様は、人間が自ら正しくなることではなく、自らの罪を認め、悔い改め、イエス様と共に生きることを願っておられるのです。そして、それが私たちを造ってくださった神様の喜びなのです。

銀貨のたとえが続きます。銀貨を十枚持っている女が一枚の銀貨を無くせば、「見つけるまで念を入れて捜さないだろうか」（15・8）とイエス様はおっしゃいます。そして見つけたら、友達や近所の女たちを呼び集めて「一緒に喜んでください」（15・9）と言うだろうと、イエス様は言われます。そして、最後にこう言われます。

「言っておくが、このように、一人の罪人が悔い改めれば、神の天使たちの間に喜びがある。」（15・10）

見つけた方の喜び

羊のたとえと銀貨のたとえに日立つ言葉は「喜び」です。それも天における喜びです。羊飼いの友人とか銀貨を見つけた女の友人たちは神の天使たちかもしれません。見つけられた方ではなく、見つけた方の「喜び」が強調されています。

そして、両方のたとえに罪人の悔い改めが出てくるのです。この世においては、差別され、虐められ、排除されていた人間です。彼らの行き着く先は死の闇です。神なき陰府に下り、闇の中に堕とされるのです。しかし、神様から見れば、残念ながら、人は皆、蛇に唆されて禁断の木の実を食べ、自らの姿を失ってしまった罪人です。私たちは、神に似せて造られた被造物の姿を失ってしまった罪人です。私たちは罪人の世界の中で、差別し、いじめ、排除するのです。

神様はそういう罪人の世に御子を降したのです。御子の命を宿したことを知ったマリアは、こう叫びました。

「今から後、いつの世の人も
　わたしを幸いな者と言うでしょう、……
その憐れみは代々に限りなく、
主を畏れる者に及びます。」（1・48、50）

この「憐れみ」は、罪の赦しに行き着きます。神によって罪が赦されてこそ、私たちは義とされるのであり、義とされた者が神の国に生かされます。だから、神様はイエス様を通して、すべての人を必死に招いておられる。悔い改めを求めておられるのです。

そして、御子イエスは、「父よ、彼らをお赦しください。自分が何をしているのか知らないのです」と、十字架の上で祈ってくださいました。そのようにして、神様は私たちの罪に対する裁きを貫徹し、そのことによって赦してくださったのです。そこに神様の憐れみが完璧に現れています。私たちは、イエス・キリストを通して神様に憐れまれている。その憐れみが神様の愛なのです。神様は、その愛で愛し合うことを、私たちに求めてくださっているのです。そういう愛は、私たちにはありません。でも、イエス・キリストを信じて受け入れる時、私たちは差別、いじめ、排除から解放され、愛し合う方に向かっていくことができるのです。神様の喜ぶ顔が見えるようです。

7　神様の憐れみ（15・11―32）

悔い改めるべきは

ルカ福音書15章のたとえが語られたのは、「この人は罪人たちを迎えて、食事まで一緒にしている」（15・2）ことに不平を言い、決して罪人の家に入らなかった「ファリサイ派の人々や律法学者たち」（15・2）に対してです。二つのたとえだけを見るならば、悔い改めるべき罪人と、「悔い改める必要のない」（15・7）人がいるかのようです。しかし、そうなのでしょうか。

今回のたとえ話も、新共同訳聖書の小見出しでは「『放蕩《ほうとう》息子』のたとえ」となっており、それが一般的になっています。この話は、親からもらった金を遊びで使い切ってしまった弟息子の悔い改めの話を中心として読むのが普通になっています。兄は脇役で、弟を赦せなかった悪い兄という感じです。たしかに、そういう面があります。でも、果たしてそれが話の内容なのでしょうか。違うように思います。私は、兄弟が一つの食卓を囲むことが、神の喜びなのだという話だと思います。悔い改めるべきは、弟だけではなく、兄もです。

一連の話は、イエス様が罪人たちと「食事まで一緒にしている（ギリシア語では「一緒に食事をしている」）ことにファリサイ派の人々や律法学者らが不平を言ったことから始まります。彼らは、悔い改める必要のない義人なのでしょうか。

「さて、あなたがたは、以前は自分の過ちと罪のために死んでいたのです」（エフェソ2・1）という言葉があります。聖書において、死は肉体の死だけではなく、神から離れて過ちと罪を犯しつつ生きていることを言う場合もあります。現象としては活き活き生きているのです。「自分は正しい」「自分のやっていることは正しい」と思い、伸び伸びと生きている場合もあります。もちろん、悶々としつつ生きている場合もあります。いずれにしろ、神と無関係に、自分の願望を実現するために生きていることに変わりありません。うまくいっている時は意気揚々とし、うまくいかない時には悶々としているのです。しかし、それでは死んでいるのと同じです。

弟は父が死んでから遺産をもらうよりも財産を今もらった方が得だと思ったのですし、兄はいつかもらえることを楽しみにして今を生きていたのです。しかし、どちらも父を見ていたわけではなく、父からもらえる富を見ていることに変わりありません。父に仕えて暮らすことではなく、富こそが自分の幸せを保障するものであるかのように思っていたのです。しかし、そのこと自体が間違っているのです。
私たちは、誰も自分の命を創造したわけではありません。それなのに「自分の命」と言い、「自分の命はどう生きようと自分の勝手」と思っています。そして、命を満足させるために富を求めます。しかし、それこそが過ちであり、罪なのです。過ちと罪は私たちを神から引き離していきます。そしてどんどん被造物の姿を失わせ、まるで自分の命の創造者は自分であり、その命は富で幸せになると思いこむ。そこに過ちと罪があり、彼らの奴隷になった人間は状況がどうであれ、結局死んでいるのです。そういう意味で、弟も兄も状況は天地ほど違うし、弟は「自分は子である資格がない」と思っているし、兄は「自分は理想的な子どもだ」と思っている。でも、両方とも悔い改めが必要な罪人なのです。

弟

彼は父からもらうべき遺産を先にもらい、金に換えてさっさと家を出て行ってしまったのです。そして、遠い国で遊び暮らしました。しかし、金は尽きるものですし、人生には予想もしていないことが起こるものです。その地を飢饉が襲いました。そして、身を寄せた人からは、ユダヤ人には汚れた動物とされていた豚の世話を命じられました。彼は、豚の餌であるいなご豆で腹を満たしたいと思うほどに落ちぶれてしまったのです。

その時、彼は「我に返った」（15・17）とあります。自分自身に帰ったのです。自分がやったことは罪であり、息子と呼ばれる資格を自ら失ってしまったことを、彼は知ったのです。

人間は神に向かって歩むべき被造物なのに、自ら神になろうとして本来与えられていた姿を失ってしまいます。弟は「我に返る」ことによって、そのことを知ったのです。知ることと、本来の姿に返ることは違います。でも、知ることがなければ、何も始まりません。

弟は家から出ることはできますが、息子として家に入ることはできないのです。でも、雇い人の一人としてでも家に入れてほしい。そう願って、家へとトボトボ歩いて行ったのです。

「ところが、まだ遠く離れていたのに、父親は息子を見つけて、憐れに思い、走り寄って首を抱き、接吻した。」（15・20）

父は、息子が家を出て行ってから、ずっと待っていたのです。彼が本来いる場に帰ってくる時を、です。ここに「憐れに思い」とあります。ギリシア語では胸部の内臓を指す言葉が用いられています。

イエス様が抱く愛情、それは身体の内部が痛むような愛情なのです。息子がボロボロになり、息子の資格を失って、それでもかつて子どもであった父の許に帰ってくる。その姿を見て父は「憐れに思い」、家を飛び出し、「走り寄って首を抱き、接吻した」のです。

それだけではありません。弟息子が自分のしたことは罪であることを認め、その罪によって、自分は息子である資格を失った、という告白を聞きつつ、僕たちにこう言ったのです。

「急いでいちばん良い服を持って来て、この子に着せ、手に指輪をはめてやり、足に履物を履かせなさい。それから、肥えた子牛を連れて来て屠りなさい。食べて祝おう。」(15・22―23)

その時、「この息子は、死んでいたのに生き返り、いなくなっていたのに見つかったからだ」(15・24)と言うのです。彼が再び子として迎え入れられること、それは死んでいたのに生き返ることです。神様は、どれほど喜んだでしょうか。

兄

彼は弟が帰ってきた時、畑で作業をしていました。でも、それは父と共に家を盛り立てるためではなく、息子としての義務を果たしていたに過ぎず、何時の日かにもらう遺産のために「仕えていた」（15・29）に過ぎません。その彼が家に近づき中から聞こえる宴会の騒ぎを聞き、僕から事の次第を聞いた時、彼は決して家に入って来ませんでした。そこで、父が家から出てきて、彼をなだめたのです。その時、彼の怒りは爆発しました。自分はずっと父に仕えてきたのに、子山羊一匹も友人との宴会にもくれなかった。それなのに、贅沢《ぜいたく》三昧をして身上を持ち崩した男を、自分の息子だと言って大喜びで迎え入れるとは何事だとぶちまけたのです。その時、父は彼に「お前はいつもわたしと一緒にいる」、「だが、お前のあの弟は死んでいたのに生き返った。いなくなっていたのに見つかったのだ。祝宴を開いて楽しみ喜ぶのは当たり前ではないか」（15・32）と言いました。

悔い改めるべきなのは弟だけでしょうか。兄はいつも父と一緒でした。でも彼は息子として父を愛し、信頼しつつ、父と共にこの家を盛り立てるために働いていたわけではありません。息子としての義務を外面的に果たしていただけです。父が子どもに抱く愛を少しも理解せず、その愛で愛されていることを理解していないのです。

そして何より、弟を「お前のあの弟」（15・32）と思っていないのです。だから、彼が死んでいたのに生き返ったことや、いなくなっていたのに見つかったことを喜べないのです。兄は父と一緒にいても、父の心は何も分かっていません。弟だけでなく兄も家に入れないのです。そして、兄は弟と一緒に食卓を囲めないのです。悔い改めるべきは、弟だけではありません。父と一緒にいるだけで、父の心を知らず、義務を果たして、自分は義《ただ》しいことをしている、と高ぶっている兄は、ファリサイ派の人々や律法学者のことでしょう。彼らも悔い改め、方向転換しなければ、神様の愛を正面から受け止められないのです。

イエス様は、いわゆる義人と罪人（律法の規定を守れない人）が共に一つ家の食卓につけるように、天から派遣されたのです。人間は皆、自分のやっていることが分からない罪人です。そういう人間の罪が赦され、新しく生きることができるよう、イエス様は十字架に架かり、神様がイエス様を死人の中から復活させたのです。そこに神様の憐れみが現れています。この憐れみを受けることによって、私たちは人間になるのです。

8　大きな事に忠実に生きるために　（16・1―13）

弟子たちにも

15章に出てくる三つのたとえ話は、ファリサイ派の人々や律法学者に対するものでした。彼らは、「この人は罪人たちを迎えて、食事まで一緒にしている」（15・2）と言っていました。それは、彼らが罪人としていた人々を、イエス様は家に迎え入れて一緒に食事をしたからです。イエス様がなさったこと自体が、神の国の秩序を表しています。神様への感謝、賛美の祈りがない食事など、ユダヤ人には考えられません。イエス様と共に食事をすることは、神様が罪人の罪を赦して共に生きてくださることです。罪人がそのまま神の国に生きることはあり得ません。そして、実は誰しもが悔い改めるべき罪人であることが、たとえ話を通じて次第に明らかになっていきます。

今回の箇所でも、イエス様はたとえ話をします。聞き手は弟子たちです。つまり、ずっとイエス様と家の中にいた者たちです。しかし、イエス様と共に家の中にいることと、イエス様を受け入れることは違います。今回のたとえ話はそのことと関係します。ファリサイ派の人や律法学者らは「自分たちは神に近いから義人であり、悔い改める必要がない」と思っているものの、それはとんでもない思い違いであることを、これまでのたとえ話でイエス様はおっしゃってきました。

それと同じように、家の中にいる弟子たち、つまりキリスト者は「自分たちは神に近い者だ」と安心し、この世を生きる人を見下している。それは、自分たちは神の家の中にいるつもりで、実は、家の外にいることなのではないか。イエス様は、そうおっしゃっているように思います。今回の箇所は、それだけで読むと、まるでイエス様が不正の勧めをしているように読めます。そのこともあって、分かりにくい箇所です。でも、15章から続けて読むと、そうではないと分かります。

管理人のしたこと

ここには、畑の主人とも言われる金持ちが登場します。そして、彼に畑を任されている管理人がいます。主人は不在地主で、すべてを管理人に任せているのです。その管理人が「主人の財産を無駄遣いしている」(16・1)と告げ口する者があり、主人は報告書を出させた上で、管理人を首にしようとしました。主人の考えを知った管理人は、自分は農民も物乞いもできないと思い、頭をひねって

「自分を家に迎えてくれるような者たちを作ればいいのだ」(16・4)と考えました。

「油百バトス」とか「小麦百コロス」とか出てきますけれど、借りている期間や利率は出てきませんし、バトスにしてもコロスにしてもかなり大きな単位です。だから借りた人も貧民ではありません。

管理人は「五十バトス」とか「八十コロス」と証文を書き直させました。期間も利率も分からないのですから、詳細は全く分かりません。恐らく管理人は誰にも損はさせなかったのでしょう。そう理解して進みます。


「主人は、この不正な管理人の抜け目のないやり方をほめた。この世の子らは、自分の仲間に対して、光の子らよりも賢くふるまっている。」(16・8)

管理人は、主人から畑を任されていました。そして、その財産を私的な遊びに使いこんでしまったのです。誰もが同じことをするわけではありません。しかし、誰もが人生の中で失敗はします。失敗しない人はいません。その失敗をどう受け止め、その後に何をするかは人によって違います。

主人は、失敗に対するこの管理人のやり方は「抜け目がない」(フロニモース)ものとして誉めました。「抜け目がない」という形容詞は、原文では8節に出てくる「賢い」(フロニモス)という副詞ともとは同じ言葉です。そして、「この世の子らは、自分の仲間に対して、光の子らよりも賢くふるまっている」(16・8)とイエス様は言うのです。

この箇所で繰り返されている言葉は、「デコマイ」という言葉です。「自分を家に迎えてくれる(デコマイ)ような者たちを作ればいいのだ」(16・4)、「あなたがたは永遠の住まいに迎え入れてもらえる(デコマイ)」(16・9)。「自分の家」は「永遠の住まい」になります。そして、「これがあなたの証文だ」(16・6、7)と、管理人は言います。直訳すれば「あなたの証文を受け取りなさい(デコマイ)」です。つまり、永遠の住まいの中にいると思って安心している光の子よりも、この世の子の方が永遠の住まいに迎えてもらうために賢くふるまっている。イエス様は、こうおっしゃっているのではないでしょうか。

イエス様は続けてこうおっしゃいます。

「ごく小さな事に忠実な者は、大きな事にも忠実である。ごく小さな事に不忠実な者は、大きな事にも不忠実である。だから、不正にまみれた富について忠実でなければ、だれがあなたがたに本当に価値あるものを任せるだろうか。また、他人のものについて忠実でなければ、だれがあなたがたのものを与えてくれるだろうか。」(16・10—12)

この管理人のやったことは、抜け目なく賢いことであっても不正にまみれています。そして、この世の富を使ったものです。しかし、その富を使って、管理人は懸命にふるまい、何とかして永遠の住まいに迎え入れてもらう努力をしたのです。それは小さな事に忠実であった、ということです。キリスト者は、自分たちは既に永遠の住まいに入っていると自負し、小さな事や、他人のものに不忠実になっているのではないか。イエス様はそうおっしゃっているような気がします。

神と富

そして、イエス様は最後にこう言われます。

「どんな召し使いも二人の主人に仕えることはできない。一方を憎んで他方を愛するか、一方に親しんで他方を軽んじるか、どちらかである。あなたがたは、神と富とに仕えることはできない。」（16・13）

「憎む」「愛する」は感情ではなく、選択です。富を愛して生きるか、神を愛して生きるか。人間は結局そのどちらかなのです。イエス様は、この世の富のことを大きな事だと言っているわけではありません。小さな事だと言っています。しかし、そのことに関しても忠実でないなら、どうして大きな事を任せられようか、と言っているのです。

こうしてみると、自分は永遠の住まいに入っていると思い、この世とそこに生きる人を見下しているキリスト者、この世の富を軽んじつつ神に従うことに忠実でないキリスト者こそ悔い改めるべきだ、とイエス様はおっしゃっているように思います。

本当に価値あるもの

私たちキリスト者は、何を価値あるものとしているのでしょうか。こういう言葉があります。

「神は、その独り子をお与えになったほどに、世を愛された。独り子を信じる者が一人も滅びないで、永遠の命を得るためである。」（ヨハネ3・16）

この言葉は不思議です。イエス様は夜陰に乗じて訪ねてきたニコデモと対話し始めたのです。でも、その対話が次第に教会の信仰告白のようになっていきます。十字架の死と復活の命に現れるイエス様の愛、それが私たち罪人の罪を赦して永遠の命を与えるのです。イエス様の十字架の死によって罪の赦しを与えられ、復活や昇天を信じることによって永遠の住まいの中に迎え入れられた者は、イエス様を迎え入れ、次第にイエス様の言葉を語る者にされます。そして、一人でも多くの人を永遠の命を生きる人生へと招くのです。それは、イエス様が地上に来てくださったという福音を証しし、イエス様をキリスト（救い主）と信じる信仰を証しすることです。これこそ大きな事なのです。その大きな事をするために、私たちはこの世において小さな事にも忠実に生きるべきです。イエス様は自分の周囲に起こることに関わりつつ、神の国に生きることを示されたのです。私たちも自分を喜ばすことではなく、絶えず悔い改め、方向転換して、神様が喜んでくださることを事の大小を問わず熱心にすべきです。そのことによって、私たちは神に仕えることができるのです。

9　十字架の愛（16・14―31）

自分の正しさ

私たちは誰でも、自分は特別だと思っているものです。自分に執着しない人はいません。それはある意味正しいことです。自分に対して投げやりであったり、淡白で関心がないのは困ります。しかし、私たちは、本当に自分のことをよく知っているのでしょうか。えてして、私たちは自分のことを一番分かっていないことがあります。

「金に執着するファリサイ派の人々」（16・14）とあります。もちろん、彼らは金に執着していることを、口から出る言葉や行為で表しているわけではありません。自分でも、自分は金に執着しているとは思っていなかったでしょう。口では「神よ、神よ」と言い、行為としては神の言葉である律法に従っていたからです。だから、自分は正しいと思っていた。しかし、神様は、表に見える人間の行為ではなく、その行為をする人間の「心をご存じ」（16・15）なのです。口では「神よ」と言い、自分でも神に従っているつもりでも、そうでないことはいくらでもあります。
イエス様は「あなたがたは、神と富とに仕えることはできない」（16・13）と言われました。富も神様が喜びとする使い方があるのです。しかし、私たちは自分を喜ばすために富を使ってしまう。それは富を使っているのではなく、富に使われているのです。なのに、そのことに自分では気づかない。本当は、自分を造ってくださった創造者なる神様が自分のことを一番よく知っていてくださるのです。そして、神様は私たちにとって一番良いことを考えてくださっています。だから神様が喜ばれることをすることが、私たち自身のためになるのです。しかし、私たちは自分のことは自分が一番よく知っていると思っています。ファリサイ派の人々だけの特徴ではありません。人間の特徴です。

律法と預言者

私たちは、自分の正しさを誇示して、人々に「尊ばれ」（16・15）ようとします。この世で目に見えるのは人の姿ですし、聞こえるのは人の声です。そして、私たちは人に尊ばれることを求めるのです。しかし、神様は人の「心」（16・15）をご存じなのです。そして、「人に尊ばれるものは、神には忌み嫌われるもの」（同）なのです。目に見える行為と心が分裂しているからです。

そういう私たちに、イエス様はこう言われます。

「律法と預言者は、ヨハネの時までである。それ以来、神の国の福音が告げ知らされ、だれもが力ずくでそこに入ろうとしている。しかし、律法の文字の一画がなくなるよりは、天地の消えうせる方が易しい。」(16・16―17)

ヨハネとは、私たちが洗礼者ヨハネと呼んでいる人です。彼は人々に悔い改めを求めました。人間は皆、神に逆らう罪人であることを告げ、方向転換(悔い改め)を求めたのです。自分のためではなく、神のために生きることを求めた。それが、本来の自分のために生きることになるのです。そのこと抜きに、神の国に生きることはできません。

「神の国の福音」とは、それまでの自分が崩壊して、神に向かって生きることです。自分のために生きていた人間が、神のために生きる人間へと百八十度方向転換することです。その際に、大切な言葉は「律法と預言者」(16・16)です。そして、「律法の文字の一画がなくなるよりは、天地の消えうせる方が易しい」(16・17)と、イエス様はおっしゃる。「律法と預言者」で意味していることは「旧約聖書」でしょう。イエス様は旧約聖書を律法に集約させ、「律法の文字の一画がなくなるよりは、天地の消えうせる方が易しい」（16・17）とおっしゃるのです。そして、離縁を例にし、律法に従っているとロでは言いつつ、結局、自分の都合で律法を解釈していく男の身勝手さをさらけ出しているのです。

そして、神の国は「力ずくで入る」（16・16）ものではないとおっしゃっている。人に誇示できるような行為で入るわけではない、ということだと思います。

モーセと預言者

続くたとえ話は、そのことを言っています。ここには「ある金持ち」（16・19）と「ラザロという できものだらけの貧しい人」（16・20）が登場します。ラザロは金持ちの門前に横たわり、できものを犬になめられたりしながら、金持ちの家の「食卓から落ちる物で腹を満たしたいものだ」（16・21）と思っていたのです。

その両者が死んで、ラザロは宴席にいる父祖アブラハムのすぐそばに招かれました。しかし、金持ちは神なき陰府でさいなまれているのです。そこで、彼はアブラハムに「わたしを憐れんでください。ラザロをよこして、指先を水に浸し、わたしの舌を冷やさせてください。わたしはこの炎の中でもだえ苦しんでいます」（16・24）と言ったのです。しかしアブラハムは、地上であなたは「良いものをもらっていた」けれど、ラザロは「悪いものをもらっていた」。だから、「今は、ここで彼は慰められ、お前はもだえ苦しむのだ」(16・25)と言い、アブラハムたちがいるところと金持ちがいる陰府の間には越えがたい淵があって行けない、と言うのです。

そこで、金持ちは、地上には兄弟が五人いるからラザロを遣わして「こんな苦しい場所に来ることのないように、よく言い聞かせてください」(16・28)と願いました。

その願いに対して、アブラハムはこう答えます。

「お前の兄弟たちにはモーセと預言者がいる。彼らに耳を傾けるがよい。」(16・29)

そのあとの問答は、こういうものです。

「いいえ、父アブラハムよ、もし、死んだ者の中からだれかが兄弟のところに行ってやれば、悔い改めるでしょう。」(16・30)

「もし、モーセと預言者に耳を傾けないのなら、たとえ死者の中から生き返る者があっても、その言うことを聞き入れはしないだろう。」(16・31)

「モーセと預言者」は旧約聖書のことで、律法に集約されます。パウロは、ローマの信徒への手紙の中で「キリストは律法の目標であります、信じる者すべてに義をもたらすために」（ローマ10・4）と言っています。そして、こうも言っているのです。

互いに愛し合うことのほかは、だれに対しても借りがあってはなりません。人を愛する者は、律法を全うしているのです。「姦淫するな、殺すな、盗むな、むさぼるな」、そのほかどんな掟があっても、「隣人を自分のように愛しなさい」という言葉に要約されます。（ローマ13・8―9）

旧約聖書そして律法は、愛に行き着きます。律法は、人を見下すために特定の人々に与えられたものではありません。神の愛は人間を救おうとすることに行き着くのです。だから、自分を愛するように隣人を愛することが、神を愛することなのだし、神が愛するように自分を愛することが正しい愛し方なのです。そして、その愛をもって隣人を愛することが、神を愛することであり、律法の言葉を生きることなのです。

そして、その愛を完璧に生きてくださったのは、神の御子イエス・キリストです。神への愛、神からの愛を完璧に生きてくださったのです。聖書は神の教えが書かれているものではなく、今に生きておられる神が、神の国へと私たちを招いてくださっている言葉なのです。「あなたも愛に生きなさい」ということです。そして、神様は目に見える行為ではなく、心を見るのです。心に愛があるのか。それを見る。それは、私たちが心にイエス・キリストの十字架の愛を受け入れているか否かにかかっています。罪人である自分の罪の赦しのために、イエス・キリストは十字架に架かって死んでくださったことに最大の愛があるのです。私たちは自分のことを知らず、自分にとって良いことをしているつもりで、悪いことをしてしまうのです。そのことに今、気づかねばなりません。聖書は生ける神の招きなのです。私たちは、そのことを覚えて日々新たに聖書の言葉に聞いて参りましょう。

10　教会という名の「この世」（17・1―19）

つまずき

私はしばしば「教会という名のこの世」と言います。私たちは、しばしば教会の中にこの世の秩序を持ち込んでしまうものです。この世の中では「お前の代わりなんていくらでもいるんだ」「お前は要らない」とか言います。一人ひとりがかけがえのない存在であるというのは、きれいごとに過ぎないのです。確かにきれいごとを言っていたら、この競争社会で生き残っていくことはできないでしょう。そういう「この世」の中に、教会は建っています。だから、教会の信仰を生きることは実に難しいことです。気が付けば、私たちは「教会という名のこの世」を作ってしまうのです。

イエス様が「つまずきは避けられない」（17・1）とおっしゃる意味は、そういうことなのでしょう。イエス様は「つまずきは避けられない。だが、それをもたらす者は不幸である」（17・1）と言われ、

「首にひき臼を懸けられて、海に投げ込まれてしまう方がましである」(17・2)とおっしゃるのです。

その後に、兄弟が罪を犯しても「悔い改めれば、赦してやりなさい」(17・3)と言われます。七回罪を犯しても七回「悔い改めます」(17・4)と言えば、「赦しなさい」と言われる。こんなことは、この世ではあり得ません。教会でも同じです。それがつまずきの内容だと思います。私たちにとって赦しほど難しいものはありません。赦されたいのですが、赦したくはないのです。私たちは、放蕩三昧をした弟になりながら、実は弟を赦せぬ兄になっているものです(15・11—32)。でも、表面的には赦している品行方正な人が良いクリスチャンであるという雰囲気が、教会にはよくあります。

また、私たちは量的に考えることが好きです。信仰も多いか少ないかで考えます。それに対して、イエス様はあるかないかを問題とします。それは本物か偽物かに通じるでしょう。からし種は吹けば飛ぶような小さなものです。しかし、からし種のような信仰があるならば、桑の木に「海に根を下ろせ」(17・6)と命じればそうなると言われるのです。つまり、信仰が本物であれば、不可能なことでも可能になるということです。だから、もし本当に神に赦されていることを感謝しているなら、赦しに生きるはずである。その命は、神の赦しによって新たにされたものであり、自己に対する誇りなどないはずだからです。文脈で考えれば、そういうことになります。

しかし、私たちは自分を誇り、その誇りが自分を勘違いしていくことにつながるのです。イエス様はたとえ話の中で、僕は主人の食事が終わるまで給仕をし、その後食べるものだと言います。そして、「自分に命じられたことをみな果たしたら、『わたしどもは取るに足りない僕です。しなければならないことをしただけです』と言いなさい」（17・10）とおっしゃいます。そこには、自分に対する誇りなどありません。僕は僕です。勘違いして、僕が自分は主人だと思うと、不幸が始まります。教会が教会の姿を失い、「教会という名のこの世」になっていく不幸が始まっていくのです。

不幸

恐らく、多くの教会の真ん中には聖餐卓があると思います。説教卓の前にある場合もあれば、説教卓は左にあり聖餐卓が講壇の中央にある場合もあります。「説教は見えない御言葉、聖餐は見える御言葉」だとよく言われます。その食卓は、教会の中心はイエス・キリストであり、イエス・キリストの中心は十字架の死と復活の命にあることを示しています。

イエス様は、杯を取り上げ、感謝の祈りを唱えてからこう言われました。

「これを取り、互いに回して飲みなさい。言っておくが、神の国が来るまで、わたしは今後ぶどうの実から作ったものを飲むことは決してあるまい。」（22・17―18）

そして、パンを裂いてこう言われました。

「これは、あなたがたのために与えられるわたしの体である。わたしの記念としてこのように行いなさい。」（22・19）

弟子たちが礼拝のたびにイエス様の言葉と共にこの食事をとることを通して、教会が形作られていったのです。教会の土台には、十字架で裂かれたイエス様の体と流された血があるのです。イエス様は、私たちの罪が赦されるために神の裁きを受けてくださり、復活を通して神の国に生きる命を与えてくださったのです。

その後のイエス様の言葉は、こういうものです。

「人の子は、定められたとおり去って行く。だが、人の子を裏切るその者は不幸だ。」（22・22）

イエス様は、神様のご計画の通り殺される。しかし、イエス様を引き渡す（裏切る）ユダは「不幸」だと、イエス様はおっしゃるのです。教会には、その最初から不幸な者がいるのです。ユダはユダなりにイエス様のことを考えていたでしょう。「イエス様の言動は危険だ、この世を牽引している指導者の神経を逆なでしてしまう。だから、しばらく黙ってもらうことが良い」と考えたのかもしれません。彼は、自分のことを罪人だとは思っていません。自分の判断が正しいと思い、「自分はイエス様を守っているのだ」と錯覚しているのです。そこに彼の不幸があります。

イエス様が十字架に磔にされつつ祈ってくださった言葉は、こういうものです。

「父よ、彼らをお赦しください。自分が何をしているのか知らないのです。」（23・34）

私たちの不幸を生み出す勘違いが罪です。そして、罪は自分が何をしているのかを分からなくさせます。私たちは自分でも分からぬまま不幸を生み出し、深めてしまいます。そして、自分で自分につまずいているのです。しかし、そのことに気づかない。自分の罪に気づかない。だから、その罪が赦されるためにイエス様が十字架につけられたことに気づかない。復活のイエス様を通して、神様が新しく生きる命を与えてくださっていることに気づかない。だから悔い改めない。教会は、イエス・キリストを証しすることが使命なのに、その使命を果たすことなく、「教会という名のこの世」を作ってしまうことが多いのです。

立ち上がって

次の話は、表面的にはイエス様が重い皮膚病にかかっている十人の人々を癒やした話がきっかけになっています。ここにわざわざ「エルサレムへ上る途中」(17・11)と書いてあります。十字架の死と復活の命を暗示する言葉です。当時は祭司が伝染する皮膚病か伝染しない皮膚病かを判断しました。そして祭司から「伝染しない病だ」と言われたり、「病は治った」と言われない限り、病にかかった人は共同体に入ることはできず、罪人ともされていました。身体的な病だけでなく、宗教的な汚れも負わされたのです。

イエス様は「サマリアとガリラヤの間を通られた」(17・11)とあります。サマリアは以前からユダヤとは敵対していた人々が住む地です。ある村にイエス様の一行が入ろうとした時、重い皮膚病を患っていた十人が遠くに立ち、「イエスさま、先生、どうか、わたしたちを憐れんでください」(17・13)と声を張り上げたのです。「憐れみ」とは、ルカ福音書ではしばしば「罪の赦し」の意味で使われます(1・50、54)。イエス様は、その人々に「祭司たちのところに行って、体を見せなさい」(17・14)と言いました。その十人の者がそこへ行く途中、彼らは全員癒やされた(清くされた)のです。しかし、その中の一人のサマリア人だけが「神を賛美しながら戻って来た」（17・15）のです。

そこで、イエス様はこう言われました。

「立ち上がって、行きなさい。あなたの信仰があなたを救った。」（17・19）

イエス様にとって、純血なんて何の意味もありません。病気の治癒の中に神の憐れみを見て、神を賛美するために戻って来る信仰があるかないか。それが問題なのです。だから、「立ち上がる」（アニステーミ）は、しばしば「復活する」の意味で使われるのです。

キリスト教会では、神様の憐れみの力のみが人間の罪を赦し、新しく生かすことを信じています。そういう神を賛美する信仰だけが問題なのです。この信仰があるかないか、教会ではそのことだけが問題なのです。

11　神の国に生きる命（17・20―37）

いつ来るのか

私たちは、自分の人生について「まだまだ生きていたい」と思う反面、「もういい」と思ったりもします。でも確実なことは、いつか必ず死ぬことと、どこでどのように死ぬかは誰にも分からないことです。それと同じように、この世がいつまで続くのか、誰にも分かりません。

「神の国はいつ来るのか」（17・20）。これはファリサイ派の人々の問いです。彼らに限らず、この世が終わった時に神の国が始まると考えている人もいると思います。しかし、それと同時に、神の国はこの世と並行してあり、善行を積んだ死者はそこで生かされている。つまり、神の国＝天国と考えている人も多いと思います。両方、混在しているかもしれません。

それに対するイエス様の答えは、こういうものです。

「神の国は、見える形では来ない。『ここにある』『あそこにある』と言えるものでもない。実に、神の国はあなたがたの間にあるのだ。」（17・20―21）

「あなたがたの間」とは、「あなたとあなたの関係の中」という意味です。神の国は、国境線をもった「国」ではなく、人と人の関係の中にあるかないかというものです。「国」と訳された言葉（バシレイア）は、支配を表します。人間同士の間に神が支配する愛と赦しがあるのかないのか。そのことが問題なのだと思います。そういう意味で、イエス様の神の国と、ファリサイ派に代表される人々が考える神の国とはすれ違います。言葉は同じでも、内容が全く違うのです。

「あなたがたが、人の子の日を一日だけでも見たいと望む時が来る。しかし、見ることはできないだろう。」（17・22）

その後、イエス様は弟子たちにこうおっしゃいます。彼らは、イエス様をキリストと信じて従っている人々です。そして、世の終わりの時には、キリストがもう一度この世に来られて神の国を完成させると信じていたことでしょう。再臨のキリストのことを、ここでは「人の子」と言っていると思います。人の子の姿を、人々は「見よ、あそこだ」「見よ、ここだ」と見たがる。しかし、そういう人々の後について行ってはならない、とイエス様は言われます。信仰なくして、目で見ることにだけとらわれているからです。

そして、人の子が神の国を完成させる世の終わりは、信仰のあるなしにかかわらず、すべての人に分かる形でやって来ることを表すべく、「稲妻がひらめいて、大空の端から端へと輝くように、人の子もその日に現れるからである」(17・24) とおっしゃいます。

その直後の言葉はこういうものです。

「しかし、人の子はまず必ず、多くの苦しみを受け、今の時代の者たちから排斥されることになっている。」(17・25)

「なっている」とは原文ではデイという言葉で、ここでは神様の計画を表します。イエス様は、自らの意志によって神様の計画、つまり、神様に逆らう罪に陥っている人間を救う計画を実行しようとしておられるのです。救いをもたらす人の子は、信仰がなければ見ることはできません。

ここで、イエス様は「多くの苦しみを受け」とおっしゃいます。それは、「今の時代の者たちから排斥されることになっている」苦しみです。具体的には、十字架の死に向かう苦しみです。自分を排斥する者たちの罪が赦されるように祈りつつ死ぬことです。肉体的な苦しみであると同時に、愛する者たちに全く理解されず、排除され、神の裁きを代わりに受ける苦しみです。主イエスは、そういう苦しみを味わいつつ十字架で死ぬのです。

イエス様は、「もし兄弟が罪を犯したら、戒めなさい。そして、悔い改めれば、赦してやりなさい」（17・3）と言われました。これは、私たちにとって本当に難しいことです。罪を赦すことはなかなかできることではありません。しかし、イエス様は「悔い改めれば、赦してやりなさい」と、言われるのです。そこに神の国があるからです。

イエス様ご自身は、十字架の上で血を流しながらこう言われるのです。

「父よ、彼らをお赦しください。自分が何をしているのか知らないのです。」（23・34）

悔い改めることもできない罪人の罪が赦されるために、罪なきイエス様が罪人に対する神の裁きを受けるのです。私たちの赦しの土台にあるのは、イエス様の十字架です。私たち自身が、イエス様の十字架のゆえに罪赦された者であるということ、その赦しが神の国の中心です。そこに苦しみがあることは、言うまでもありません。

人の子が現れる日にも

ここには、「ノアの時代」(17・26)とか「ロトの時代」(17・28)が出てきます。洪水がいつ来るのか知らず、また火と硫黄がいつ降って来るのか知らないがゆえに、人々は日常生活をしていました。しかし、突然やって来た洪水や硫黄が「一人残らず滅ぼしてしまった」(17・27、29)のです。「人の子が現れる日にも、同じことが起こる」(17・30)とイエス様は言い、続けてこう言われます。

「自分の命を生かそうと努める者は、それを失い、それを失う者は、かえって保つのである。」(17・33)

不思議な言葉です。これと似た言葉が、ペトロが信仰を告白し、イエス様が受難と復活を予言された後に出てくることはご存じの通りです。

「わたしについて来たい者は、自分を捨て、日々、自分の十字架を背負って、わたしに従いなさい。自分の命を救いたいと思う者は、それを失うが、わたしのために命を失う者は、それを救うのである。」（9・23―24）

自分を捨て、自分の十字架を背負って、イエス様に従え。イエス様のために命を「失う者は、それを救う」と言われます。二度、「命」が出てきます。その両者は、言葉は同じですし、現象としても同じことでしょう。でも、自分の生きることと、イエス様に従って生きることは全然違うことです。

命

そもそも、イエス様に従うがゆえに命を失うとは、どういうことなのでしょうか。もちろん、イエス様に従うがゆえに肉体の命が死ぬ訳ではありません。そうではなく、イエス様に従う時、それまでのように生きられなくなることを意味しているのだと思います。そういう意味で、それまでの命を失うのです。そして、イエス様に服従することが、命を救うのです。その命は神の国を生きる命だからです。イエス様の十字架と復活は、自分の罪の赦しのためであり、自分が新しく神に向かって生きるためのものだったと信じる者が生きる命です。

神様は、私たちと神様を隔てている壁を、イエス様の十字架と復活によって取り払ってくださったのです。私たちの罪を赦し、新しい命を与えるとはそういうことであり、そこに神の国はあるのです。それは「ここにある」とか「あそこにある」とか言えるものではありません。そして、神の国の基礎は、人の子であるイエス様の十字架と復活の出来事にあります。それは愛せざる者を愛し、赦せざる者を赦し、その者たちが新たに神に向かって生きるためにイエス様ご自身が排斥され、神の裁きを受けるという苦しみを経てのことです。そのようにして、私たちは神の国に生かされているのです。しかし、その現実は信仰によってしか知ることができないものです。

しかし、世の終わりの時、神の「選び」が、目に見える形になるのです。弟子が「主よ、それはどこで起こるのですか」と問うと、イエス様は「死体のある所には、はげ鷹も集まるものだ」（17・37）と答えられました。その時には、誰の目にも明らかになるのです。「そういう時が来る。その前に、神の国を生きなさい」と、イエス様は招いてくださっているのです。それは、イエス様が私たちを愛してくださり、赦してくださったように、愛と赦しに生きなさいということです。そこには苦しみがあります。でも、一人でも二人でも、神の国に生きる命が誕生するなら、こんな喜ばしいことはありません。その第一歩は自分が罪人だと認めることです。そのことが、イエス・キリストを人に紹介し、神の国に生きる命へと招くことにつながります。こんなに喜ばしいことはありません。

12　選ばれた人たち（18・1―8）

弟子たちに？

18章の中心は「気を落とさずに絶えず祈らなければならないこと」（18・1）を、イエス様が教えることにあります。しかし、その前に触れておきたいことがあります。新共同訳聖書では、イエス様は「弟子たちに」（同）教えたことになっています。もちろん、直前の言葉は、弟子たちに対するものです（17・22参照）。原文は「彼らに」ですから「弟子たちに」でも構いません。でも、その前の言葉はファリサイ派の人々に対して神の国について語ったものです。この世における立場は正反対です。しかし、どちらも同じ人間ですし、錯覚の中に生きている点でも全く同じです。イエス様は両者を含めた「彼らに」語りかけていると、私は思います。

私は時々、随分前に聞いたある方の説教の言葉を思い出します。その方はかつて大阪の博打打ちでしたが、ヤクザ社会の中で過ちを犯し、ほうほうの体で東京まで逃げてきました。その後、色々あって今は牧師として働いているのです。私は、その方を説教者として礼拝にお招きし、説教をして頂いたのです。その方が新宿の歌舞伎町にいた時に、大きな韓国教会に入ったそうです。その教会の会堂では各自が所々に座り、祈っていたそうです。彼の隣には、一晩中働いて来たであろうホステスがまつ毛に塗ったマスカラが涙で落ちるのも構わず、大きな声で祈っていたそうです。彼は、下を向いてボソボソ反省めいたことを言っている。そのホステスの顔を見、その声を聞きつつ、彼はこう思ったそうです。

「このホステスは、マスカラが落ちて化け物みたいな顔をしながら、手を挙げて叫び続けている。俺はその隣で下を向いてボソボソ何か言っている。俺が神様だったら、そりゃ、このホステスの祈りを聞き、その願いを叶えるわな……」

今から三十年位前に聞いた話ですけれど、今でも時々思い出します。私たちは、教会の中でも自分の目や人の目を気にします。ひたすらに神に向かうことをしないのです。私はしばしば「教会という名のこの世」と言いますが、私たちは教会の中にも「この世」を作り、祈りも建前のことにしてしまい、人間の理性や知恵によって問題に取り組み、解決しようとするのです。それは、視線が上に向いていないということです。この世で生きている命しか見ていないのです。しかしその命は、天地を貫く神の国を生きている命ではありません。

　この世がすべてだと思っている人は、この世における命の充実を求めます。私たちは、教会でもそういう命を求めてしまうのではないでしょうか。その点において、ファリサイ派の人々と弟子たちは変わらないと思います。

不正な裁判官とやもめ

　この裁判官は「神など畏れないし、人を人とも思わない」（18・4）人物です。しかし、「あのやもめは、うるさくてかなわないから、彼女のために裁判をしてやろう。さもないと、ひっきりなしにやって来て、わたしをさんざんな目に遭わすにちがいない」（18・5）と言うのです。「やもめ」とは、他国の寄留人や孤児らと共にしばしば律法の中で言及されます（申命記24・17など）。この世では最も弱い立場の人たちです。しかし、この裁判官は、その弱さのゆえにではなく、「さんざんな目に遭わされる」ことが嫌で、このやもめに有利な判決が出る裁判を開くというのです。どこまでもひどい裁判官です。しかし、そういう裁判官もいるでしょう。

　私たちはキリスト者です。そのことについて、神学者のカール・バルトはこんな言葉を残しているそうです。

「キリストから目を離せば、また抽象的・主観的に自分自身を見れば、われわれは、キリスト者ではないが、しかしキリストに目を注げば、キリスト者である」

私たちは自分の意志でキリスト者になったわけではありません。「あなたがたがわたしを選んだのではない。わたしがあなたがたを選んだ」（ヨハネ15・16）とイエス様は言われるのです。私たちがイエス様を選んだのではありません。イエス様が私たちを選んだのです。それでは、何のために選ばれたのでしょうか。

ルカ福音書の17章を読み返してみると、罪の赦し、信仰、神の国、そしてそこに生きる命といった言葉が目につきます。そして、高ぶりがある限り誰であろうと信仰に生きることはできず、神の国の命を得ることはできないことが強調されています。

そうしますと、「まして神は、昼も夜も叫び求めている選ばれた人たちのために裁きを行わずに、彼らをいつまでもほうっておかれることがあろうか。言っておくが、神は速やかに裁いてくださる」（18・7―8）というイエス様の言葉は、この世の不正な裁判官ですら昼も夜も関係なく叫び求めているやもめのために裁判をするのだから、神はご自身が選んだ人たちに神の国をもたらさないことがあろうかということになります。

しかし、イエス様は最後にこう言われるのです。

「しかし、人の子が来るとき、果たして地上に信仰を見いだすだろうか。」(18・8)

イエス様が再臨され神の国を完成される時、果たして地上に信仰と呼ぶべきものがあるのか。この世で、自ら信仰者だと自負する者たちは、ファリサイ派の人々であろうが、弟子たちであろうが、皆高ぶり、人を見下している。そうであるがゆえに、罪を赦すことができない。自分が赦された罪人であることを知らぬ者が、どうして他人の罪を赦すことができようか、とイエス様は言われるのです。

派遣

先程、私たちがイエス様を選んだのではなく、イエス様が私たちを選んだという聖句を挙げました。その続きは、イエス様のこういう言葉です。

「あなたがたが出かけて行って実を結び、その実が残るようにと、また、わたしの名によって父に願うものは何でも与えられるようにと、わたしがあなたがたを任命したのである。互いに愛し合いなさい。これがわたしの命令である。」(ヨハネ15・16—17)

ルカ福音書でも、イエス様は愛と赦しに生きるようにと私たちに命じているのです。イエス様が、すべての人の罪を背負い十字架に架かって死んでくださったのです。私たちの罪が赦されるように、神の裁きを受けてくださったのです。そのようにして、罪の赦しが私たちには与えられたのです。そして、神様は死人の中からイエス様を復活させられました。これは神様しかできない業です。ペトロをはじめとした弟子たちは、「最後までイエス様と一緒にいる、一緒だったら死んでも構わない」と言っていました。でも、イエス様が捕まる時には、この世における命惜しさに逃げてしまったのです。でも、十字架の死から復活させられたイエス様は、その弟子たちの真ん中に立ち、「あなたがたに平和があるように」（24・36）と言われました。こんなことは人間にはできません。しかし、そこに神様の愛があるのです。どうして、高ぶってなどいられるでしょうか。

選ばれた者なら

このたとえにある「選ばれた人たち」（18・7）は、エクレクトスという言葉です。この言葉が次に出てくるのは十字架の場面です。

〔そのとき、イエスは言われた。「父よ、彼らをお赦しください。自分が何をしているのか知らないのです。」〕人々はくじを引いて、イエスの服を分け合った。民衆は立って見つめていた。議員たちも、あざ笑って言った。「他人を救ったのだ。もし神からのメシアで、選ばれた者なら、自分を救うがよい。」（23・34―35）

イエス様は、私たち罪人の罪が赦され、実を結ぶように「選ばれた者」なのです。この方を「救い主」（キリスト）と信じ、この方に縋《すが》りつきつつ生きる。なぜ、こういう信仰が、自分に与えられているのか、その意味は分かりません。でも、実を結ぶために生きたいものです。

13　神の国の価値観（18・9―17）

勘違い

イエス様は有名なたとえ話を語り始めます。たとえ話には、自分は正しいと思い、人を見下しているファリサイ派の人と徴税人が登場します。それで、このたとえ話はファリサイ派の人々に向かってイエス様が語ったのだと解されることが、一般的のような気がします。「教会に生きるキリスト者は、ファリサイ派のような人になってはいけませんよ」という教えとして、受け止めるのです。しかし、果たしてそうでしょうか。

17章20節から、「ファリサイ派の人々」と「弟子たち」が並んで登場しています。両者とも神の国はいつ来るのか、誰が入るのかと質問をしています。その問いに答える形で、イエス様はやもめと裁判官のたとえや、今回のたとえ話をされたのだと思います。

だから、「自分は正しい人間だとうぬぼれて、他人を見下している人々」（18・9）とは、ファリサイ派の人々だけでなく、弟子たちも含めた人々だと思います。人間は勘違いするものです。自分は他人を見下していない、自分の正しさはそこにある。そう思っているものです。しかし、そう思いつつ、人を見下している。そのことをよく覚えておくべきです。

ファリサイ派の人は、心の中でこう祈ったとあります。

「神様、わたしはほかの人たちのように、奪い取る者、不正な者、姦通を犯す者でなく、また、この徴税人のような者でもないことを感謝します。わたしは週に二度断食し、全収入の十分の一を献げています。」（18・11—12）

申し分のない感謝がここにあります。そして、私たちはここにあるような申し分のない人になるべきかもしれません。たとえ、ここまで申し分のない人でなかったとしても、これからはこういう人を目指すべきでしょう。それはそうなのですが、ここには重大な落とし穴があるように思います。

ファリサイ人は、無自覚のうちに本末転倒している気がします。彼は、「自分は申し分のない人間だから、神様に選ばれたのだ」と思っています。自分の資質や行いが、神様による選びの基準と合致しているのです。それは結局、自分の方が神様よりも上に立っていることではないでしょうか。私たちは、無自覚のうちにそう思っていることがよくあります。

それに対して、徴税人は祭壇から遠く立ち、「目を天に上げようともせず、胸を打ちながら」（18・13）こう言いました。

「神様、罪人のわたしを憐れんでください。」（18・13）

憐れんでください

イエス様は、神に義とされて家に帰ったのは徴税人だと言い、「だれでも高ぶる者は低くされ、へりくだる者は高められる」（18・14）と締めくくられました。自分のことを「罪人だ」と言わざるを得ず、だからこそ、神様に憐れまれなければ神様の前に立ち得ない自分を知っていた人物が、神に義とされて帰るのです。ユダヤ人にとっては、自分たちを支配するローマ帝国のためにも働く徴税人が義とされるのです。彼らは売国奴とも呼ばれていましたし、それでもその仕事で得られる富に目が眩んだ者として見下されていました。ここに出てくる徴税人は、そのことを「罪」と言います。神様と無関係に生きている、結果として神様に背いて生きていることを「罪」と言っているのです。

ここで注目すべきは「憐れんでください」という言葉でしょう。「憐れむ」はギリシア語では通常「エレエオー」が使われます。しかし、ここでは「ヒラスコマイ」が使われています。この言葉は新約聖書ではここととヘブライ人への手紙2章17節でしか使われていません。

そこにはこうあります。

それで、イエスは、神の御前において憐れみ深い、忠実な大祭司となって、民の罪を償うために、すべての点で兄弟たちと同じようにならねばならなかったのです。(ヘブライ2・17)

ここで「償う」と訳されている言葉がヒラスコマイです。つまり、この言葉は単なる感情レベルの同情ではなく、罪を犯したことがないイエス様が、全地の民の罪を背負って十字架で神の裁きを受けることを通して、罪人の罪を償うことを意味しているのです。私たちは誰も、自分で自分の罪を償うなんてことはできません。そもそも自分が罪人であることを知ること自体、大変なことですし、自分一人で知ることではないのです。

今はCTやMRIもありますけれど、私たちは誰でもレントゲン写真を知っているでしょう。自覚では全く分からない体の内部にある影は、X線の光に曝《さら》されて初めて知らされるものです。それまでは、体の中の影などは知りません。それと同じように、私たちは知らぬ間に罪を深めて、自分は正しい人間だと思い、人を見下し、高ぶる者になってしまうものです。

洗礼を受けてキリスト者とされたことは、神の光によって自分の罪を知り、神様の独り子イエス・キリストによって償っていただいたと知らされたことです。これからは、神の上に立つ高ぶりではなく、いつもイエス様の憐れみ（償い）を求めつつへりくだって歩む。それがイエス様の弟子として歩むことでしょう。

乳飲み子たちを？

次の箇所は、「イエスに触れていただくために、人々は乳飲み子までも連れて来た」（18・15）から始まります。多分、頭に手を置いて神様の祝福を祈っていただくことだと思います。今でこそ保育器があり、医療技術が進歩して乳幼児の生存率は高まりました。しかし、七五三の祝いに見られるように、子どもが小さい時に死んでしまうことはこの国でもよくあったのです。今でも親たちは子どもたちが長生きしてほしいと願っています。この場合、イエス様に触れてもらえれば、神様の祝福を頂け、子どもたちは長生きできると多くの親たちが思ったのだと思います。

弟子たちは、その様を見て嬉しくもあったと思いますが、彼らを叱ったのです。弟子たちとしては、イエス様は子どものために来たのではない、という思いがあるのでしょう。そこに、子どもよりも大人の方が上なのだという思いもあります。

イエス様は、高ぶった思いをもつ弟子たちにこう言われます。

「子供たちをわたしのところに来させなさい。妨げてはならない。神の国はこのような者たちのものである。」（18・16）

今は子どもというと純真で可愛いものだというイメージがあります。しかし、かつては違いました。子どもも労働することによって価値が生まれるという面があったと思います。しかしイエス様は、神の国は労働ができるようになる前の子どもたちのものだと言われます。つまり、人間の世界では無価値な者を、神様は受け入れるのです。神様と人間の価値観は全く違います。

「はっきり言っておく。子供のように神の国を受け入れる人でなければ、決してそこに入ることはできない」（18・17）。私たちの価値観はどういうものでしょうか。自分の価値を自分で高め、人を見下すものになっていないでしょうか。

14　永遠の命を生きるとは（18・18―30）

議員

この段落も「神の国」（18・24、25、29）が問題の中心です。前回は乳飲み子を巡るものでした。今回の箇所はその反対に、社会のエリートと言うべき議員です。政教が一致している社会の中では、議員たちは世俗的にも宗教的にも高い地位を与えられていた人々です。しかし、それだけでは満たされないものが、彼にはあったようです。

彼は、イエス様に対してこう尋ねました。

「善い先生、何をすれば永遠の命を受け継ぐことができるでしょうか」（18・18）

「永遠の命」とは神の国を生きる命と言って良いと思います。肉体の命が生きている今だけでなく、時間を越えた命に生きるためには何をしたらよいか、と彼は尋ねたのです。それは、イエス様がその命を生きていると思ったからでしょう。

イエス様はこう言われました。

「なぜ、わたしを『善い』と言うのか。神おひとりのほかに、善い者はだれもいない。」（18・19）

「善い」（アガソス）という言葉について、ある辞書は「万物を創造・支配し・統括する存在たる神との関わりが顕著であり……神賛美が基調になっている」と説明しています。その神は、恵み深く、慈しみ深い神です。イエス様の眼差しは、そういう神に向けられているのです。

そして、こう言われました。

「『姦淫するな、殺すな、盗むな、偽証するな、父母を敬え』という掟をあなたは知っているはずだ。」（18・20）

順番は異なるものの、十戒に記されている律法であることに変わりありません。この議員は、これらのことはすべて子どものときから守ってきたと言うのです。その彼に、イエス様はこうおっしゃいました。

「あなたに欠けているものがまだ一つある。持っている物をすべて売り払い、貧しい人々に分けてやりなさい。そうすれば、天に富を積むことになる。それから、わたしに従いなさい。」（18・22）

次元が違えば勝負になりません。言葉も通じません。彼は「永遠の命を生きるためには、何をすればよいのか」と考えています。もちろん、そのことも重要です。だからこそ、イエス様は十戒の言葉を引用されたのでしょう。しかし、やればよいということではありません。奉仕もいやいややっていたら困りものです。喜んでする奉仕といやいやする奉仕は、同じに見えても全然違います。

次元とは、立ち位置のことです。ここでイエス様がおっしゃったことは、極端なことです。しかし、根本的なことだと思います。イエス様は、「あなたはどこに立ってものを言っているのか」と、おっしゃっているのです。「あなたは、自分も他人も神に愛されていることに感謝しているのか」、そう問われていると思います。姦淫しない、殺人しない、盗みをしない、偽証しない、親への敬愛、すべては自分だけでなく目の前の人も神に愛されていることを喜び、感謝している思いが根底にないならば偽善的な行為に過ぎません。そして、全財産を売り払い、貧しい人々に施すことはできません。しかし、イエス様はそういう行為を万人がしなければいけないと言っているわけではありません。

イエス様は「あなたは、神様に愛されている喜びと感謝の上に立っているのか。そして、神様への応答として愛に生きているのか。愛に生きるとは、これまで自分が拠って立って来たところを替えることだ」と、おっしゃっているのです。そのことがなされた時、人の行為は「天に富を積む」（18・22）ことになるのです。

「それから、わたしに従いなさい」（18・22）とイエス様はおっしゃいます。「それから」と訳されています。このデウロという言葉は、「さあ、ここに来なさい」とも訳されます。それは「あなたは、これまでとは全く次元が違う所に立ちなさい」ということです。これまでの所に立ったままでは、人は新しくはなれないのです。これまでのものは捨てて新しい次元で生きることを、イエス様は私たちに求めているのです。

非常に悲しんだ
その後の彼の行動は分かりません。
しかし、その人はこれを聞いて非常に悲しんだ。大変な金持ちだったからである。(18・23)
彼は、自分が生きる次元を替えられませんでした。人間は、それまでの自分の次元に固執するものです。しかし、イエス様の来臨と共に神の国は上から突入して来ました。その神の国に生きる命が、永遠の命です。神の国に生きるためには、イエス様の後に従っていかねばなりません。それは全く新しい次元で生きることです。これまでの次元に生きながら新しい次元を生きることは、悲しいかな私たちにはできないのです。
そのことを知った時、彼は非常に悲しみました。それまでの自分、それまでの次元と別れられなかったのです。
その様を見て、「金持ちが神の国に入るよりも、らくだが針の穴を通る方がまだ易しい」(18・25)とイエス様はおっしゃいました。その言葉を聞いて、人々は「それでは、だれが救われるのだろうか」(18・26)と言いました。先程も書いたように、当時は政教一致社会ですし、自分の内実が清く正しく美しいことが救われることにつながり、神様はそういう人間をお救いになるのだと、人々は考えるものです。

しかし、そうなのでしょうか。イエス様は、こう言われます。


「人間にはできないことも、神にはできる。」（18・27）

言うまでもなく、神様は私たちに拘束されません。神様の御心に従って救うのです。つまり、招きに応えた者を「神の国」に生かされる。イエス様は、その招きのために神様から遣わされたのです。しかし、イエス様から招きを受けることを通して、これまでの自分は自分の願いを実現させるために生きてきたことを知り、それこそが罪なのだと知り、イエス様の方に向きを変える人は多くありません。その様を見て「非常に悲しんだ」のはイエス様なのではないでしょうか。そのことは、後で述べます。

そのやり取りを聞いていた弟子のペトロは、どこか誇らしげに「このとおり、わたしたちは自分の物を捨ててあなたに従って参りました」（18・28）と言いました。

すると、イエス様はこう言われたのです。

「はっきり言っておく。神の国のために、家、妻、兄弟、両親、子供を捨てた者はだれでも、この世ではその何倍もの報いを受け、後の世では永遠の命を受ける。」（18・29―30）

イエス様は、神様の御心に従い、罪人に与えられるべき罪に対する裁きを受けようとしておられるのです。罪なき神の独り子が罪人の罪を背負って、罪人が受けるべき裁きを受けて、神の国の門戸を開けてくださったのです。イエス様は、家や家族どころではなく、ご自分の命を捨てて、神の国に生きる永遠の命を私たちに与えようとしてくださるのです。

受ける

イエス様の隣で十字架につけられた強盗は、もう一人の強盗に向かってこう言いました。

「我々は、自分のやったことの報いを受けているのだから、当然だ。しかし、この方は何も悪いことをしていない。」（23・41）

神様の御心に従い続けたがゆえに罪を犯したことがないイエス様が、罪人が受けるべき十字架の裁きを受けること、それが神の御心だったのです。その神に、イエス様はご自分の命を差し出してくださいました。私たちが神の国に生きる永遠の命を受けるためです。私たちは、気が付けば自分を神の位置につけてしまいます。そこで内実を「善く」したところで意味はありません。イエス様が私たちに代わって神の裁きを受けてくださったと信じることによってのみ、永遠の命は与えられるのです。そのことを忘れてはいけません。

15　憐れみと神賛美（18・31―43）

十二人

私たちは、「自分でキリスト者になった」のでしょうか。違います。私たちが、キリスト教の神は他の神々よりも優れていると判断してこの神を選んだわけではありません。

イエス様はこう言われました。

「あなたがたがわたしを選んだのではない。わたしがあなたがたを選んだ。」（ヨハネ15・16）

全くその通りだと思います。イエス様は、祈りをもって弟子の中から十二人を使徒として選ばれたのです。使徒（アポストロス）とは、神様が与えてくださった福音をこの世に宣べ伝えるために派遣された人々です。宣べ伝えるためには、福音をよく知っている必要があります。でも、彼らはよく知っているから選ばれたわけではなく、よく知っていくために選ばれたのです。

十二に関してはもう一つ大事なことがあります。イスラエル十二部族という言葉は、多くの人が聞いたことがあると思います。神はイスラエル十二部族を通して、世界中の民にご自身の御心を知らせようとしました。そして、彼らには神の言葉である律法が与えられました。しかし、彼らはその律法を自己義認のために使ったのです。御心を宣べ伝えるために生きなかったのです。

その様を見て、神様はご自身の独り子をキリスト（救い主）としてユダヤ人の中に遣わしました。そして、独り子イエス・キリストは、新しいイスラエルとして弟子たちの中から十二人を選び、全世界に福音を宣べ伝えるべく使徒としたのです。

31節にはこうあります。

　イエスは、十二人を呼び寄せて言われた。「今、わたしたちはエルサレムへ上って行く。人の子について預言者が書いたことはみな実現する。」（18・31）

この後、イエス様はご自分が殺され、三日目に復活することを予言されます。それは受難・復活予言と言われます。これまでに二度記されています（9・21―22、9・44）。ここで三度目ですが、今回の箇所で初めて、その場所はイスラエルの都であるエルサレムであることが言われます。

ルカ福音書は他の福音書よりもはるかに多くエルサレムについて言及します。この福音書には、「福音」はエルサレムにおいて起こり、エルサレムから全世界に宣べ伝えられるという図式があります。

その図式が典型的に出ているのは24章です。

「次のように書いてある。『メシアは苦しみを受け、三日目に死者の中から復活する。また、罪の赦しを得させる悔い改めが、その名によってあらゆる国の人々に宣べ伝えられる』と。エルサレムから始めて、あなたがたはこれらのことの証人となる。」（24・46―48）

ここにも受難と復活の予言があります。この出来事はエルサレムで起き、エルサレムから「あらゆる国の人々」に宣べ伝えられるのです。

イエス様がもたらした福音に、受難と復活は不可欠なものです。罪がないイエス様が、私たち罪人が受けるべき裁きを代わりに受けてくださったのです。そして、裁きの結果である死を味わい、神様に復活させられ、天に挙げられ、神の右に座らされたのです。
しかし弟子たちには、メシアの受難なんて信じようがない話です。それは二回目の受難・復活予言を見ても分かります。イエス様はこう言われました。

「この言葉をよく耳に入れておきなさい。人の子は人々の手に引き渡されようとしている。」（９・44）

でも、弟子たちの反応はこうでした。

弟子たちはその言葉が分からなかった。彼らには理解できないように隠されていたのである。彼らは、怖くてその言葉について尋ねられなかった。（９・45）

無理もない話です。「人々の手に引き渡される」ことは、一回目や三回目の受難・復活予言にありますように、イエス様が迫害され、十字架につけられ、復活させられることにつながっていきます。人々から歓迎されるべきメシア（救い主）が迫害され、十字架につけられ、復活させられる。どれも、弟子たちにとっては、何を言っているか分からないことです。

十二人はこれらのことが何も分からなかった。彼らにはこの言葉の意味が隠されていて、イエスの言われたことが理解できなかったのである。（18・34）

異邦人

今回の箇所には「異邦人に引き渡される」（18・32）と記されています。ルカ福音書は、一回目の受難・復活予言の時も、誰が排斥したかを具体的に記すことなく、二回目には「人々」と書きます。そして、今回の箇所では「異邦人」です。これは「割礼のない者」という言い方です。割礼は契約の民の徴ですから、異邦人は神様とは関係がない者ということになります。

イエス様が異邦人に引き渡されることは、神様が、契約と無関係だった人々と新しい契約を結ぼうとしておられることを示しています。「あらゆる国の人々」（24・47、「異邦人」と同じエスネーという言葉）に宣べ伝えられるべき福音はそういうものです。私たちは「主よ、御一緒になら、牢に入っても死んでもよいと覚悟しております」（22・33）と言っても、結局、イエス様を迫害し、亡き者にする側に立ち、イエス様と自分は無関係な者としてしまうのです。「彼らは、怖くてその言葉について尋ねられなかった」のは、自分にも隠したい自分の姿を知りたくなかったという意味も含まれていると思います。イエス様が誰であるかを知ることと、自分が誰であるかを知ることは深い関係があり、そこにイエス様の十字架の死と復活はなくてならぬものです。

物乞いの盲人

ここに登場する盲人は、エルサレムに近いエリコへの道で物乞いをしていました。直前の受難・復活予言の前に登場した金持ちの議員と対極の人です。彼は幼い頃から清く正しく美しい人でしたし、その結果、裕福で地位もある人でした。しかし、そうであるがゆえに、永遠の命を求めつつ、一切を投げうってイエス様に従う歩みはできず、以前と変わらぬ生活に戻ったのです。

それに対してこの盲人は最底辺を生き、周囲の人々からも見下されている人です。そういう彼が、イエス様の一行が通ると知った時、周囲の人が止めても「ダビデの子よ、わたしを憐れんでください」（18・39）と叫び続けたのです。「ダビデの子よ」とは、当時の人にとってはメシアの意味です。盲人は、ひたすらにダビデの子の憐れみを求めました。その憐れみの具体的な内容は「目が見えるよう」（18・41）になることです。しかし、その内実は罪の赦しです。

典礼歌の最初は「キリエ　エレイソン（主よ、憐れみ給え）」です。この盲人は、人から相手にされなくても、神が遣わしたメシアに憐れみをいただきたいと必死なのです。その姿を見て、イエス様は「見えるようになれ。あなたの信仰があなたを救った」（18・42）と言われました。すると、たちまち盲人は見えるようになり「神をほめたたえながら、イエスに従った」（18・43）とあります。そして、「これを見た民衆は、こぞって神を賛美した」（同）のです。何もかも、富める議員とは正反対です。一方は裕福で人々から尊敬され、律法も守っている、位も高い。しかし、盲人は人々から見下され、路上で物乞いをする以外にない最底辺の人です。律法とも何の関係もありません。福音は、十字架の死からイエス様が復活させられるという逆転から始まるのです。盲人は、イエス様の憐れみを必死に求めました。イエス様は「あなたの信仰があなたを救った」と言われたのです。そして、彼は神を賛美しつつ、イエス様に従ったのです。イエス様の受難・復活を通して実現した福音に与るとは、こういうことなのです。

16　今日、救いがこの家を訪れた（19・1―10）

エリコ

イエス様は確実に十字架に向かっておられます。前回の盲人の出来事は「エリコに近づかれたとき」（18・35）に起こり、今日は「エリコに入った」（19・1）時の出来事です。エリコはエルサレムから東に下った所にある町です。そして、イエス様は「先に立って進み、エルサレムに上って行かれた」（19・28）とあります。その後イエス様は「エルサレムに近づき」（19・41）とあり、エルサレムでは真っ先に「神殿の境内に入られた」（19・45）のです。

エリコという町の名が出てきて以降、イエス様が一歩一歩と十字架の受難に向かっていることが暗示されます。十字架の死があればこそ、復活があるのです。そして、イエス様の十字架の死と復活は他者の救いのためであり、イエス様の言葉も業も、受難と復活抜きには受け止められないことです。

エリコにはザアカイという人がいました。彼は「徴税人の頭で、金持ち」（19・2）でした。徴税人というのは、文字通り税金取りのことです。ただでさえ人々から好かれる職業ではありません。その上、当時のユダヤ人はローマ帝国の支配下にありました。徴税人は、ローマ帝国のためにユダヤ人から税金を徴収しました。そして、ローマ帝国は地域ごとに額を決め、その額以上を集めたらいくらでも徴税人のものになったようです。だから、徴税人の資格は競売にかけられたと言われます。売国奴や不正な罪人と言われても、借金をしてでも、なってしまえばローマの権力を背景にして稼ぐことができる立場であったようです。

「飲めば飲むほど渇く水」という言葉があります。「ほう　ほう　ほたるこい　こっちの水は　あまいぞ」という童歌もあります。世の中には、これさえ飲めば幸せになれるという声があちらこちらから聞こえてきます。そして、これは甘い水だぞ、と言われるのです。しかし、その水は飲めば飲むほど渇きを感じる水である場合もあります。

ザアカイは「徴税人の頭で、金持ちであった」（19・2）のですが、金を稼げば稼ぐほど、渇いていたような感じがします。

イエスへの眼差し・イエスからの眼差し

彼は背が低かったようです。そのことが彼のコンプレックスであったと思いますが、民衆にとっては、そこが普段の鬱憤《うっぷん》を晴らす材料にもなったようです。イエス様の一行がエリコの町に入った時、大勢の人々が沿道に群がり、今や有名人になったイエスを見ようと集まりました。ザアカイも「イエスがどんな人か見ようと」（19・3）してやって来たのです。しかし、人々がよけてはくれなかった。そこで彼は「走って先回りし、いちじく桑の木に」（19・4）登りました。いちじく桑の木の葉は大きく、鬱蒼《うっそう》としており、彼の身を隠すのには最適なものでした。

イエス様がその場に来ると、イエス様は「上を見上げて言われ」（19・5）ました。

「ザアカイ、急いで降りて来なさい。今日は、ぜひあなたの家に泊まりたい。」（19・5）

イエス様はザアカイのことを事前に聞いていたのだと思います。そして、エリコでは彼に会い、彼の渇きを癒やしてあげたいと思っていたのでしょう。

「見上げる」という言葉は原文ではアナブレポーと言って、「イエスがどんな人か見よう（ホラオー）」とは違います。アナブレポーは「上を見る」と同時に、「よく見る」「見つめる」という意味もあると思います。イエス様は、ザアカイの内面は満たされていないことを見て取ったのです。

そして、ザアカイの所に泊まりたいとおっしゃる。もちろん、食事も共にするのです。ユダヤ人にとって食事をするとは、神への祈りを共にすることです。それは神を共にすることですから、食事を共にすることは信仰を同じくした神の家族であることです。

ザアカイは、金は持っている代わりに人々からは罪人として見下されていました。イエス様は、そのザアカイを見つめて、ザアカイの家に泊まりたいと言うのです。新共同訳では、ザアカイの家に泊まるのは、イエス様の願望のようですが、直訳は「泊まることになっている」です。デイという言葉が使われており、ここでは神の意志を表していると考えられます。つまり、ザアカイの所に泊まることは神様の意志なのです。イエス様は、神の意志をご自分の意志としておられるのです。

もちろん、ザアカイはそんなことは知らなかったでしょう。でも、イエス様が自分のことを一人の人間として見てくださり、自分と神の家族となってくださることを知ったのです。彼は喜んで木から大急ぎで降り、イエス様を自分の家に迎えました。

イエス様が「罪深い男のところに行って宿をとった」（19・7）ことを見て、つぶやいた人々がいます。彼らの思いはよく分かります。イエス様の噂を彼らは聞いていたでしょう。イエス様の教えや、その奇跡的な業のことを聞いていたのです。そして、素晴らしい方が自分たちの町に来てくださる。

そのことを知って、イエス様がこの町でも素晴らしい奇跡的な業をされるに違いないと期待したのです。そのイエス様が、ユダヤ人を裏切り、彼らを苦しめているローマ帝国に納める金をも徴収しており、神に背く生活をしている罪深いザアカイの家に泊まると言うのです。

彼らのイエス様に対する失望、幻滅は深いと思います。期待が大きかったゆえにこそ、失望、幻滅も大きかったでしょう。彼らは、罪深い男の内面は見えていないし、イエス様が何のためにザアカイの家に行ったかも知りません。当然です。

ザアカイは、イエス様から何か言われたわけでもないのに、急に立ち上がって、こう言いました。

「主よ、わたしは財産の半分を貧しい人々に施します。また、だれかから何かだまし取っていたら、それを四倍にして返します。」（19・8）

ザアカイの宣言は、律法に規定されていること以上のものでした（レビ記5・24、民数記5・7など）。ザアカイは「私は律法の言葉を実行します」と言っているのではありません。彼は、イエス様に「主よ」（19・8）と呼びかけました。この言葉は、エリコ近くの路上で物乞いをするしかなかった盲人が言った言葉と同じです。イエスがどんな人か見ようと思っていたザアカイが、イエス様が自分に示してくださった愛を見て、今や「主よ」と言っているのです。彼の目が変えられたのです。それまで見えなかったものが見えるようになったのです。だから彼は「イエスは主だ」と告白する者になったのです。

今日

ザアカイの姿を見て、イエス様はこう言われました。

「今日、救いがこの家を訪れた。この人もアブラハムの子なのだから。人の子は、失われたものを捜して救うために来たのである。」（19・9―10）

「アブラハムの子」とは、神様の祝福を受ける契約の子という意味でしょう。ザアカイは、契約、祝福とは正反対を生きている罪深い男と見られていたのです。しかし、イエス様は、ザアカイに対する神様の愛を見つめてくださるのです。

そして、「今日」という言葉が使われています。この言葉は、イエス様が生まれた時も使われていました。「今日ダビデの町で、あなたがたのために救い主がお生まれになった」（2・11）。そして、イエス様が息を引き取る直前に、十字架に架けられていた犯罪人の一人が悔い改め、イエス様に対する信仰告白をした時、イエス様はこうおっしゃいました。

「はっきり言っておくが、あなたは今日わたしと一緒に楽園にいる。」（23・43）

ここに救いがあるのです。イエス様はその救いを人間に与えるために生まれ、十字架に向かうのです。そして、ザアカイは人の目には失われた者に見えますが、イエス様から見れば救われるべき人間なのです。そして、私たちもイエス様に見つめられ、招かれた者です。イエス様は人の世の中で失われた者を捜し出し、救うために、エルサレムに向かわれるのです。

17 何のためのムナか（19・11―27）

状況

今回の箇所は、このように始まっています。

人々がこれらのことに聞き入っているとき、イエスは更に一つのたとえを話された。エルサレムに近づいておられ、それに、人々が神の国はすぐにも現れるものと思っていたからである。（19・11）

「人々」と訳された言葉はギリシア語ではアウトゥースで「彼ら」とも訳されます。要するに不特定多数を指すのです。イエス様がザアカイの家に入ったことを快く思っていない人々や、ザアカイの僕や家族の者たち、イエス様の弟子たち、そして、この福音書を読んでいる私たちも含んでいると思います。

　そういう人々に、イエス様は一つのたとえを話されたのです。たとえは、明らかにする意図と隠す意図があると思います。ある人は「神のたとえとしてのイエス」と言いました。イエス様は神の子（神）であり、同時に人の子（人）である。分かったような分からぬような不思議な方である。しかし、私たちはイエス様を通して神様と出会う以外にありません。

　そのイエス様が今、ユダヤの都であるエルサレムに向かっているのです。当時、地中海を取り囲む地域はローマ帝国が支配していました。多神教が一般的な時代の中にあってユダヤ人は唯一神教であり、エルサレムには神殿があり、ユダヤ人の中心でした。いつの日かローマを駆逐して、ユダヤ人のための王国を造る王（メシア）がエルサレムで即位する。それが、当時のユダヤ人が抱いていた神の国のイメージです。従って、ローマ帝国にとってユダヤ人は何かと厄介な存在でした。

　イエス様がエルサレムに上られることで、いよいよ神の国を造り、その国の王になるのかと期待する人が彼らの中にはいたかもしれません。でも、ザアカイの家に入るイエス様の姿はそういった期待を裏切るものです。だから、人々はイエス様をどう受け止めたらよいか、混乱していたのです。

　私たちは時に「神も仏もあるものか」と言います。それは、不条理なことが続いた時などに出てくる嘆きの言葉です。心の中では、「もういい加減にしてくれ、こんなことが起きない世の中ができ上がってほしい」と思っているのです。「人々が神の国はすぐにも現れるものと思っていた」（19・11）の背景には、そんな思いがあったでしょう。そしてイエス様は、人々が持っている思いを感じ取っていたでしょう。

たとえ話

ここには歴史的背景があると言われます。さまざまなことをしてローマ皇帝の寵愛を勝ち取ったヘロデ大王は、王の名をローマ帝国から与えられてユダヤ全土を支配しました。彼の死後、その土地は三人の息子（アンティパス、フィリポ、アルケラオ）が三分割して支配しました。息子の一人であるアルケラオがローマ皇帝から王の称号を受け取りたいと願い、ローマに向けて出発したのです。しかし、先回りした人々が、ローマ皇帝に向かって、アルケラオに王の称号を与えないように懇願しました。その願いが通り、アルケラオは失意のうちに帰らざるを得ませんでした。そして、帰ってから反対派の五十人を捕まえて惨殺したというのです。その悲惨な出来事は、当時の人々は誰でも知っていたようです。

イエス様のたとえ話の背景に、この出来事があるかもしれません。たとえ話では、立派な家柄の人は「王の位」を受けて帰って来ます。そこがたとえ話と史実とは違います。でも、この時代の人々は神の国を待望する思いが強まっていったのだと思います。

そういう中にあって、イエス様はたとえ話をするのです。

「ある立派な家柄の人が、王の位を受けて帰るために、遠い国へ旅立つことになった。そこで彼は、十人の僕を呼んで十ムナの金を渡し、『わたしが帰って来るまで、これで商売をしなさい』と言った。」(19・12―13)

ムナは貨幣単位です。十ムナは、当時の三年分の給料に当たると言われます。結構な金額ですから、それを元手に金を増やすことはできたでしょう。

「王の位を受けて帰って来ると」(19・15) 彼は、どれくらい利益が上がったかを知ろうとしました。あるものは「御主人様、あなたの一ムナで十ムナもうけました」(19・16) と言いました。主人は、「良い僕だ。よくやった。お前はごく小さな事に忠実だったから、十の町の支配権を授けよう」(19・17) と言われたのです。次の者は五ムナをもうけ、五つの町の支配権を委ねられました。

しかし、ほかの者はこう言いました。

「御主人様、これがあなたの一ムナです。布に包んでしまっておきました。あなたは預けないものも取り立て、蒔かないものも刈り取られる厳しい方なので、恐ろしかったのです。」（19・20―21）

その人に向かって、主人は「悪い僕だ。その言葉のゆえにお前を裁こう」（19・22）と言われました。この僕は、主人は蒔かなかったものも刈り取る厳しい人間だと知っていたのです。主人は「ではなぜ、わたしの金を銀行に預けなかったのか。そうしておけば、帰って来たとき、利息付きでそれを受け取れたのに」（19・23）と言って、その男が持っていた一ムナを取り上げて、既に十ムナを持っている者に与えるように「そばに立っていた人々」（19・24）に命じたのです。僕たちが「御主人様、あの人は既に十ムナを持っています」（19・25）と言うと、主人はこう言いました。

「言っておくが、だれでも持っている人は、更に与えられるが、持っていない人は、持っているものまでも取り上げられる。」（19・26）

そして、自分が王になることを望まなかった者を引き出して、目の前で殺せ、と命じるのです。

王、ムナ

実に不思議な話ですし、いわゆるハッピーエンドではありません。最後まで読んで気持ちが晴れるわけではないし、むしろ気持ちが暗くなるような話です。でも、私たちの現実は暗いのに、いや暗いからこそ、私たちは明るくふるまっているのかもしれません。

このたとえ話で、主人は「王の位」（19・15）を受けて長い旅から帰ってきます。ムナを渡した僕たちがどういう工夫をしてムナを増やすかを楽しみにして、旅に出るのです。このムナとは何でしょうか。私は、このムナは御言葉のことではないかと思います。そして、この主人は私たちに期待をしているイエス様ではないかと思います。

イエス様は、礼拝において御言葉をくださいます。その御言葉をいただいて、この地上を生きるのは私たちです。この御言葉を生かすも殺すも私たちなのです。

そこで考えなければならないのは、主人が「王の位を受けて帰って来る」（19・15）ということです。これはどういう意味でしょうか。人々が思い描いている神の国とその国の王は、武力によってたてられるものに過ぎません。それはいつの日か、武力によって倒されます。しかし、ここに出てくる王の国は武力によってたてられる国ではないがゆえに、武力によって倒される国ではありません。

「国」はギリシア語ではバシレイアといい、「支配」とも訳されます。「神の国」は「神の支配」であり、国境線を持った国ではありません。イエス様は、罪人が神に向かって生きることができるように神の裁きを受けてくださいました。自分のやっていることが何かも分からず、だから自分の罪を認めることも、謝ることもできない罪人が受けるべき裁きを、イエス様は十字架で受けてくださったのです。それゆえにこそ、神はイエス様を復活させ、天に挙げ、御自分の右に座らせたのです。そのようにして、神の支配がすべての民に与えられました。その支配を与えてくれるのが、私たちの「王」イエス・キリストです。そのことを礼拝のたびに告げているのが御言葉です。その御言葉を生かすも殺すも、私たちなのです。ムナは、自分だけで取っておくために渡されたのではありません。各自がそのための賜物を活かして増やすために、与えられたのです。私たちは、そのムナをどのように受け取っているのでしょうか。あるいは、私たちは自分で王になり、十字架を王座とする王を拒否するのでしょうか。

18　子ろばに乗ってエルサレムに入る王（19・28—48）

子ろば

イエス様が誰であり、何をなさっているかは分かる人には分かるし、分からない人には分からないものです。イエス様がエルサレムに進んで行かれる意味も同じでしょう。

エルサレムの近くにベトファゲとベタニアという町がありました。そこに近づいた時、イエス様は二人の弟子にこう言いました。

「向こうの村へ行きなさい。そこに入ると、まだだれも乗ったことのない子ろばのつないであるのが見つかる。それをほどいて、引いて来なさい。もし、だれかが、『なぜほどくのか』と尋ねたら、『主がお入り用なのです』と言いなさい。」（19・30—31）

この文章は、イエス様が子ろばに乗ってエルサレムに入城されることを表しています。

凱旋門と言えば、ナポレオンの命によって建設されたパリの凱旋門が有名です。戦いに勝利した王が、さまざまな武器や戦利品と共に門から町に入ってくる。それはまさに勝利者としての王の晴れ姿です。イエス様の時代、ローマ帝国の総督は馬に乗ってエルサレムに入城したようです。軍馬という言葉があるように、馬は昔から戦争の象徴でした。しかし、ここでは「まだだれも乗ったことのない子ろば」（19・30）とあり、イエス様はその子ろばに乗るのです。そしてエルサレムに入る。イエス様はいわゆる「王」としてではなく、でも「王」としてエルサレムに入っていく。しかし、どういう王であるのか、この時は誰も知りません。

弟子たちが行ってみると、イエス様がおっしゃった通り子ろばがつながれていました。そこで、彼らが縄を解こうとしていると、飼い主が「なぜ、子ろばをほどくのか」（19・33）と尋ねました。当然です。弟子たちは「主がお入り用なのです」（19・34）と答えました。直訳では、「彼の主がお入り用なのです」となります。その言葉が言わんとしていることは、恐らく「この子ろばの本当の持ち主は『主』である」ということでしょう。

私たちは皆、神の被造物です。でも、この事実は隠されています。神の被造物であるとは、神のものだ、ということです。神のものは、それぞれに命が与えられた意味があり、目的をもって生かされているのです。この子ろばは今、その目的を果たそうとしている。と、弟子たちは言ったのではないでしょうか。彼らも子ろばの飼い主も、その言葉の意味が分かったわけではないでしょう。でも、事態はイエス様の言葉通りになっていくのです。不思議です。

弟子たち

弟子たちは自分の服を子ろばの上にかけ、イエス様を「お乗せ」（19・35）しました。そして、イエス様が進んで行かれると、自分たちの服を道に敷きました。それは、都に王が入場する時の人々の歓迎の姿です。ここに「人々は自分の服を道に敷いた」（19・36）とあります。でも原文では「彼らの服」とありますし、この後で「神を賛美し始めた」（19・37）のは「弟子の群れ」（19・37）です。イエス様の進む道に服を敷いた「人々」の原文は「彼ら」です。だから、「彼ら」は「弟子たち」だと思います。他の福音書では、エルサレムの群衆などになっていますが、ルカ福音書では（十二使徒には限らない）弟子たちです。

彼らは、自分の「見たあらゆる奇跡のことで喜び、声高らかに神を賛美し始めた」（19・37）のです。「奇跡」と訳された言葉はデュナミスで「力」を表します。この場合は、神の力でしょう。神にしかできないことをイエス様はなさる。その現実を見て、弟子たちは神を賛美したのです。イエス様は、偉大な人間というわけではなく、神の業をする方として生きておられる。弟子たちは、その力がこれからどういう所に発揮されるかはまだ知らぬままに、イエス様の業が人間業ではないことを感じているのです。

彼らの思いが、彼らの言葉にも表れています。

「主の名によって来られる方、王に、
祝福があるように。
天には平和、
いと高きところには栄光。」(19・38)

これは、詩編118編26節の引用です。でも、詩編には「王」という言葉はありません。この言葉がルカ福音書には付加されています。武力によってではなく、「主の名によって来られる方」こそ王だ、ということです。では、何のためにこの王はエルサレムに入城されるのか。そのことは、引用された箇所の前を読むとさらに分かります。そこにはこうあります。

今日こそ主の御業の日。
今日を喜び祝い、喜び躍ろう。
どうか主よ、わたしたちに救いを。
どうか主よ、わたしたちに栄えを。（詩編118・24―25）

主の御業をするために、イエス様はエルサレムに入るのです。主の御業とは何か。それは「救い」である、と詩編は言います。その救いが与えられることを「喜び祝い、喜び躍ろう」（同118・24）と言うのです。それでは、その救いとはどんなものであるか。

家を建てる者の退けた石が
隅の親石となった。
これは主の御業
わたしたちの目には驚くべきこと。（同118・22―23）

人間が捨てた石が、なくてならない石になる。それは人間が全く予想していないことであり、驚くべきことである。この箇所は、後にイエス様の言葉にも出てくる重要な言葉です。

平和

私たちは主の祈りの中で、「御心の天になるごとく、地にもなさせたまえ」と祈ります。つまり、地では神の御心がまだ行われていないのです。弟子たちは「天には平和、いと高きところには栄光」（19・38）と言いました。彼らは、詩編の言葉の意味が完全に分かっていなくとも、イエス様のエルサレム入城は、神様と敵対する罪人との間に平和を確立するためであり、そこに神の栄光が表れていると歌っているのです。これは地上の現実ではなく、天の現実です。

ファリサイ派の人は、イエス様に弟子たちを叱るように願いました。でも、イエス様は弟子たちが黙っても「石が叫びだす」（19・40）と言って取り合いませんでした。そして、いよいよエルサレムが見えた時、エルサレムのために泣きながら、こう言われたのです。

「もしこの日に、お前も平和への道をわきまえていたなら……。しかし今は、それがお前には見えない。」（19・42）

その後、エルサレムの人々が経験することになる悲惨な出来事を予言し、最後にこう言われます。

「それは、神の訪れてくださる時をわきまえなかったからである。」（19・44）

神は、子ろばに乗るイエス様の姿で来られるのです。御自分を捨てる者を拾う（救う）ために、イエス様はエルサレムに入城されるのです。それが神の訪れであり、平和と栄光を天に生み出すのです。しかし、そのことが分かる人はいませんでした。

エルサレムに入ったイエス様は、真っ先に神殿に行かれます。そこは「祈りの家」（19・46）であるべき所です。しかし、そこは人々の欲望がうずまく「強盗の巣」（同）でした。民の指導者はイエス様を殺したいと思いましたが、民衆はこの時はまだイエス様の言葉に夢中だったので、手を出せませんでした。でも、すべての人が、イエス様を捨てる日が来ます。

19　何が私たちを救うのか（20・1—19）

権威と権力

前回の最後では、神殿の商人たちを強盗呼ばわりして境内から追い出すイエス様を、民の指導者たちである律法学者や祭司長らが抹殺したいと思いました。でも、「どうすることもできなかった。民衆が皆、夢中になってイエスの話に聞き入っていたからである」（19・48）とあります。今回の箇所はその続きです。ここでもイエス様の姿は、この世の秩序を根底からひっくり返す過激にして非常に危険なものです。

今回の箇所の最後には、律法学者や祭司長らは「イエスに手を下そうとしたが、民衆を恐れた」（20・19）とあります。ここでも、彼らと民衆は正反対の人間のように見えます。しかし、そのうち両者は一体になっていきます。つまり、すべての人がイエスを十字架の死に追いやるのです。立場は正反対であり、やっていることも違う。しかし、彼らは人間としては変わらないのです。両者とも結局、損得勘定で生きているからです。立場は人間を規定していくものでもありますが、立場の違いによって人間性が異なるわけではありません。彼らの人間性は同じなのです。どのような立場に身を置こうとも、私たちはみな人間であることに変わりはありません。このことをよく覚えておくべきです。

イエス様は神殿の境内で、民衆に「福音を告げ知らせて（エウアンゲリゾマイ）」（20・1）いました。そこに祭司長らが来て、境内にいた商人を追い出したり、境内で人々に教えたりする権威をイエス様に与えたのは誰か、と問うたのです。

私たちも「その道の権威」の言うことには耳を傾けます。権威とはそういうものです。神殿においては、祭司長や律法学者が権威なのです。商人たちも、彼らの認可の下に働いているのであり、彼らを追放することは祭司長らの権威を冒瀆《ぼうとく》することでした。実に恐ろしいことです。しかし、そういうことをイエス様はなさる。烈《はげ》しい怒りを抱かれたからです。神殿は、神様への祈りの家であるべきなのに、祭司長らが自分の権威をひけらかす場にしてしまった。そのことに対して、イエス様は烈しく怒られるのです。

それは、神殿は神のものか、人のものか、という問題に関係します。神殿は本来神のものなのに、人のものにしてしまう。本来、神の権威を明らかにすべき祭司長らが、自分たちの権威を高め、神のものであるべき神殿を自分たちのものにしてしまう。それは、大いなる錯覚に基づくことです。この錯覚から自由な人はいません。誰もが錯覚するのです。

そもそも、人間は自分について錯覚しているのです。つまり、自分が何者であるかについて勘違いしている。だから、権威がすぐに権力になってしまうのです。そして、その権力を振るい、人々がひれ伏す姿を見て喜ぶのです。そこには、経済的な利益が伴う場合が多いのです。祭司長らは、その利益を妨害するイエス様の権威について質問してきました。その問いに対して、イエス様は「ヨハネの洗礼は、天からのものだったか、それとも、人からのものだったか」（20・4）と逆に問いました。その問いに対して彼らが答えるなら、彼らの問いに答えようと言われたのです。

祭司長たちは、洗礼者ヨハネを嫌っていました。ヨハネはイエス様の先駆者として、神殿から遠く離れたヨルダン川で、人々に神様の怒りを伝え、悔い改めた者には新しく生きるための洗礼を授けていたからです。ヨルダン川は祭司長らが拠点としていた神殿とは離れているし、ヨハネは彼らが誇りとしていたことを否定するからです。彼らは、自分たちの先祖には、世界の祝福の基となるために神に選ばれたアブラハムがいることを誇りとしていたのです。そのユダヤ人の上に君臨し、権威を振りかざしていたのが祭司長や律法学者です。しかしヨハネは誰に対しても、自分が神の前では悔い改めるべき罪人であると認めるように求めました。そして、洗礼を受けて新しい自分になることを求めた

郵 便 は が き

料金受取人払郵便

新宿北局承認

8444

差出有効期間
2021年11月30日まで
（切手不要）

169-8790

162

東京都新宿区西早稲田２丁目
３の１８の４１

日本キリスト教団出版局
愛読者係行

注文書

裏面に住所・氏名・電話番号をご記入の上、
日本キリスト教団出版局の書籍のご注文にお使いください。
お近くのキリスト教専門書店からお送りいたします。

ご注文の書名	ご注文冊数
	冊
	冊
	冊
	冊
	冊

ご購読ありがとうございました。今後ますますご要望にお応えする書籍を出版したいと存じますので、アンケートにご協力くださいますようお願いいたします。抽選により、クリスマスに本のプレゼントをいたします。

ご購入の本の題名

ご購入の動機　1　書店で見て　2　人にすすめられて　3　図書目録を見て
4　書評（　　　）を見て　5　広告（　　　）を見て

本書についてのご意見、ご感想、その他をお聞かせください。

ご住所　〒

お電話　（　　）

フリガナ
お名前　（年齢）

（ご職業、所属団体、学校、教会など）

電子メールでの新刊案内を希望する方は、メールアドレスをご記入ください。

図書目録のご希望	定期刊行物の見本ご希望
有・無	信徒の友・こころの友・他（　　　）

このカードの情報は当社およびNCC加盟プロテスタント系出版社のご案内以外には使用いたしません。なお、ご案内がご不要のお客様は下記に◯印をお願いいたします。

・日本キリスト教団出版局からの案内不要

・他のプロテスタント系出版社の案内不要

お買い上げ書店名

市・区・町　書店

いただいたご感想は、お名前・ご住所を除いて一部紹介させていただく場合がございます。

のです。洗礼は、新しい自分になり、神の救いを受けるためにあります。ヨハネにとって、神殿における権威など、人間の救いにとって何の意味もないものでした。

福音

民衆はヨハネを神から遣わされた「預言者」（20・6）だと思っていました。だから、祭司長らは答えをはぐらかし、権力がある現代の政治家のように「どこからか、分からない」（20・7）と言いました。彼らは、神から権威を与えられていると錯覚しています。しかし、実は損得勘定で生きている。彼らの権威も、彼らが作り上げたものに過ぎません。

だから、イエス様は「それなら、何の権威でこのようなことをするのか、わたしも言うまい」（20・8）と言われるのです。イエス様は、彼らが錯覚していることを指摘するのですが、そのことに気づく人はいません。

福音は、気づかれないものでもあります。神殿の境内でイエス様は「福音を告げ知らせて」（20・1）いました。この言葉は、天使が羊飼いたちにイエス様誕生を告げる時にも出てきます。

「恐れるな。わたしは、民全体に与えられる大きな喜びを告げる。今日ダビデの町で、あなた

がたのために救い主がお生まれになった。この方こそ主メシアである。」（2・10―11）

「大きな喜びを告げる」（2・10）が「福音を告げる」（20・1）と同じエウアンゲリゾマイです。イエス様が誕生した時、ローマ帝国の皇帝はアウグストゥス、シリア州の総督がキリニウスであったと記されています。彼らにとって有益な人間は、税金を納める人間です。野宿をしながら他人の羊を世話している羊飼いなど税金とは無縁ですし、気にもとめていなかったでしょう。しかし、「主メシア」（2・11）としての「救い主」（2・11）の誕生は真っ先に羊飼いに知らされる。そこに福音があるのです。神の見方と人の見方は全く違います。この世では人の数にも入れられない人間でも、悔い改めるなら神に向かって生きることができるようになる。なぜなら、イエス様は「失われたものを捜して救うために来た」（19・10）からです。それが、神様がイエス様を通して、私たちにもたらしてくださった「福音」なのです。それは、人間が作り出した権威など吹き飛ばすものです。

ぶどう園

イエス様は続けてたとえを語られました。主人がぶどう園を造って農夫たちに貸して、長い旅に出て、収穫の時に僕を送って収穫を受け取ろうとしたのに、最初の僕は農夫たちに袋叩きにされ侮辱されて何も持たされずに帰されました。二番目の僕は、傷を負わされて放り出されたのです。主人は、今度は重んじられることを期待して「愛する息子」（20・13）を送りました。しかし、全財産を自分たちのものにしたい農夫たちは、その息子を「外にほうり出して、殺してしまった」（20・15）のです。

ぶどう園の主人は、農夫たちを殺し、他の人にぶどう園を与えるに違いない、とイエス様は締めくくられます。このたとえを聞いた人々は、「そんなことがあってはなりません」（20・16）と言いました。「そんなこと」とは、農夫の所業のことなのか、農夫たちを殺した主人の行為のことなのか。そういう二者択一ではなく、ここに起こったことを指すのでしょうか。

そもそも、こういう主人がいるとは私には思えません。だから、この主人は人間ではなく、忍耐深く、憐れみ深い神なのです。その神が収穫を待つだけのぶどう園を造り、収穫を求めたのです。ぶどう園は主人のものであって農夫のものではありません。だから収穫物は主人のものであり、農夫はその報酬を頂くものです。しかし、農夫は利益を自分のものにするために、僕を追い返し、傷を負わせ、跡取り息子を殺してしまいます。錯覚も錯覚、自分が何をしているのか、全く分かっていないのです。

イエス様は詩編118編22節の言葉を引用します。

「家を建てる者の捨てた石、

これが隅の親石となった。」（20・17）

これはまさに驚くべき業です。神様は、人間が考えていることの逆のことをなさります。捨てられた石が隅の親石になる。具体的情景は分かりませんが、人間が捨てたものが人間の救いの石なのです。そのことを受け入れないということは自ら滅びを招くことになってしまうのです。

近い将来、イエス様は十字架に架けられます。捨てられるのです。しかし、それこそが復活につながり、昇天、聖霊降臨につながります。人間の救いはそこにあります。神の子が捨てられるところに、神にしかない、罪人を救う権威が現れるのです。人間が無用なものとして捨てたものが、人間の救いの土台とされる。そこに、神にしかない権威が現れるのです。私たちは、その権威によって罪を赦され、神に向かって新たに生きることができるようにされたのです。それが、私たちに与えられた救いです。

20　私たちは何者なのか（20・20―26）

彼らの問い

今回の箇所の最初と最後には、こう書かれています。

そこで、機会をねらっていた彼らは、正しい人を装う回し者を遣わし、イエスの言葉じりをとらえ、総督の支配と権力にイエスを渡そうとした。（20・20）

彼らは民衆の前でイエスの言葉じりをとらえることができず、その答えに驚いて黙ってしまった。（20・26）

律法学者や祭司長（20・19）らは、イエス様が自分たちが作り上げた社会を根底から転覆させる危険人物であることを理解しました。でも、民衆はイエス様の話を熱心に聞いていました（19・48）。それゆえに、彼らは民衆を恐れました（20・6）。民衆を支配している者が、実は民衆（世論）を恐れてもいる。よくあることです。だから、彼らとしては、民衆の前でイエス様の権威を失墜させることが必要でした。ここでは、イエス様の言葉がユダヤ人を支配しているローマ帝国にとっても危険であることを暴こうとしているのです。彼らは、自分は正しい者であるかのようにふるまう者を選び、神殿の境内（20・1）で大勢の人に取り囲まれているイエス様に、ローマの皇帝に税金を納めることに関して質問させました。

その内容に入る前に、少しだけ「言葉じり」（20・20、26）と訳された言葉について述べておきます。実は、20節の方は「言葉」そのもの（ロゴス）で、26節の方は「話」（レーマ）です。律法学者や祭司長らは、イエス様が使った「言葉」からも「話」からも、ローマの総督の支配や権力に訴えるものを見つけることはできなかったのです。イエス様がローマ帝国の権力に迎合したからでしょうか。

使いは、イエス様の言動はすべて正しく、イエス様は人を偏り見ることなく神の道を教えておられると誉めたうえでこう続けました。

「ところで、わたしたちが皇帝に税金を納めるのは、律法に適っているでしょうか、適ってい

ないでしょうか。」（20・22）

自分たちユダヤ人を支配しているローマ帝国に、税金を納めることは神の御心なのか、神に選ばれた民であるユダヤ人がすべきことなのか。そう問うているのです。究極的には、この世の支配と神の支配はどういう関係にあるのか、この世の支配は神の支配に優先することなのか。そういう問いです。なかなか難しい問いです。

イエス様の答え

イエス様は「彼らのたくらみを見抜いた」（20・23）とあります。「たくらみ」（パヌールギア）は他の所では「悪賢さ」「悪だくみ」（Ⅱコリント4・2、11・3）とも訳される言葉です。言うまでもありませんけれど、イエス様は善人ではあります。でも、単なるお人好しではありません。しかし、悪意に悪意で返す人ではないのです。それは次の言葉を見れば分かります。

「デナリオン銀貨を見せなさい。そこには、だれの肖像と銘があるか。」（20・24）

デナリオン銀貨は、市場に流通しているローマの貨幣です。イエス様はその銀貨をもってこさせ、その貨幣に彫ってある肖像と銘は何であるかと彼らに尋ねました。彼らは「皇帝のものです」と答える他にありませんでした。するとイエス様はこう言われたのです。

「それならば、皇帝のものは皇帝に、神のものは神に返しなさい。」（20・25）

イエス様の言葉を聞いて、使いを遣わした律法学者や祭司長らは、ぐうの音も出ませんでした。イエス様の返答は、悪賢さと同じレベルに立つものではなく、しかし、すれ違うようなものでもない。しっかりと使いの者の問いに答えつつ、同じ地平に立つものではないのです。

キリスト者は「この世」を生きています。この地上で生きており、その秩序の中で生きているのです。私で言えば、日本に国籍がある日本人として生きており、山梨県人であり甲府市民として生きています。住民票は甲府市役所で作られます。自治会にも属しています。そのことに伴う義務もあり、権利もあります。地域や国の方針とは無縁ではありません。従えることには従います。そうでなければ、この地で生きてはいけません。

しかし、福音を与えられ、信じているキリスト者は、この世を生きている人たちに福音を伝道することが使命です。イエス様は唯一のキリスト（救い主）である、イエス様を通して神の国（神の支配）が始まった。私はイエス様に従う、と証しするのです。そこには二重の秩序があり、時にその秩序は衝突します。この世で信仰を生きることは、必ずしも楽なことではありません。見た目はこの世の人と同じでありつつ、本質的なことでは違うからです。

従えることとは、この世の「支配と権力」（20・20）に従う。しかし、二重の秩序が衝突する時はこの世の「支配と権力」には従えない。でも、この世がある限り、この世の「支配と権力」が見た目では強いのです。十字架はローマの極刑ですから、イエス様の十字架の死はその結果だとも言えます。

罪人の罪が赦され、罪人が神に向かって生きるために、罪を犯したことがないイエス様が十字架に架かって神の裁きを受けることは必然のことです。しかし父なる神は、裁きを受けて墓に葬られたイエス様を復活させ、天に挙げ、主という名を授けられたのです（フィリピ2・6―10）。それは、総督だろうが皇帝だろうがこの世の権力者には到底成し得ないことです。神様だけができることです。イエス様の眼差しは、常にこの神に向かっている。それが、この世だけを生きている者との決定的な違いです。彼らはイエス様の言葉じりをとらえ、「総督の支配と権力にイエスを渡す」（20・20）ことを考えているのです。彼らにとっては、この世の支配の方が神の支配よりも強い。口では「神、神」と言いつつ、彼ら自身が「この世の支配」に服しているのです。私たちはどうでしょうか。

神のものは

イエス様は「神のものは神に返しなさい」（20・25）と言われます。神に返すべき「神のもの」とは何でしょうか。私たちは「これは神様のもので、これはわたしのものだ」と一つ一つの物を区分けすべきなのでしょうか。違うと思います。そもそも私たち人間とは何なのか。そのことを考えるべきだと思います。天地創造物語が記されている創世記で、神様はこう言われました。


「我々にかたどり、我々に似せて、人を造ろう。そして海の魚、空の鳥、家畜、地の獣、地を這うものすべてを支配させよう。」

神は御自分にかたどって人を創造された。

神にかたどって創造された。

男と女に創造された。（創世記1・26―27）

ここに、人は神に「かたどって創造された」とあります。性的少数者という考え方は当時ありませんでしたから、ここでの問題は性ではなく協働でしょう。男も女も神にかたどられているということなのではなく、両者が共に生きるところに神に似た人間があるのだ、と言っているのです。神に似せられ、神にかたどられた人間だからこそ、神の御心を知ることができ、神の業を任されるのだと思います。それは、続く言葉から知らされます。

神は彼らを祝福して言われた。「産めよ、増えよ、地に満ちて地を従わせよ。海の魚、空の鳥、地の上を這う生き物をすべて支配せよ。」(創世記1・28)

「従わせる」「支配する」という言葉があります。罪に陥った人間にとって「従わせる」は自分の思いに服従させることだし、「支配する」も自分が君臨し、好き勝手に奪うことです。しかし、本来はそうではありません。人間は神に似せて造られ、かたどられて造られた者として、神の御心を尋ね求め、御心を行う者として造られたのです。私たち各自に与えられた賜物(才能)も、神の御心を実現するために発揮する時に輝くのです。

主の祈りに「御心の天になるごとく、地にもなさせたまえ」とあります。だから私たち人間がそれぞれ神の御心を行う時、神のものとして「極めて良い」(創世記1・31)ものとして生き、私たちも神に似せて造られた者として生きることができるのだと思います。

21　労苦は決して無駄にならない（20・27―40）

サドカイ派の問いとイエス様の答え

ここにサドカイ派が登場します。ルカ福音書ではここにだけ登場します。彼らは、「モーセ五書」と呼ばれる創世記、出エジプト記、レビ記、民数記、申命記しか神の言葉と認めなかったようです。彼らは貴族階級に属し、祭司長を出したりもしたようです。モーセ五書には死人からの復活記事はありませんから、死人からの復活を認めませんでした。それに対して、庶民派のファリサイ派は、彼らが考える「義人の復活」を認めますし、モーセ五書以外の預言書や詩編なども神の言葉として受け入れていました。それ以外にもさまざまな違いがありますが、「イエスという男は自分たちの社会を根底から破壊する危険人物である」という認識においては一致していたのです。

そのサドカイ派の人々が、イエス様にこう尋ねました。モーセの律法では結婚している兄が子がないまま死んでしまった場合、弟が兄嫁をめとり、後継ぎをもうけなければいけない（申命記25・5―10）ことになっている。そして、七人の兄弟がいて、長男が妻との間に子がないまま死んでしまった。妻は次男と結婚したが同じ結果になった。そういうことが七男まであり、最後に妻も死んだ。もし復活があるのなら、その時、この女は誰の妻になるのか。答えによっては、律法違反になる問いでした。この問いにイエス様はこう答えられました。

「この世の子らはめとったり嫁いだりするが、次の世に入って死者の中から復活するのにふさわしいとされた人々は、めとることも嫁ぐこともない。この人たちは、もはや死ぬことがない。天使に等しい者であり、復活にあずかる者として、神の子だからである。」（20・34―36）

ここでイエス様がおっしゃっていることの一つは、死後のことは人間には分からないということでしょう。分からないことを人間が勝手に決めるべきではない、誰が復活するかを決めるのは神のやることであり、人間がやれることではない、とおっしゃっているのです。

また、結婚は地上の制度であり、天上の制度ではありません。復活の命に生きている者は、次第に歳を取って死ぬ命ではなく、天使に等しい命に生かされるのです。復活はこの世の命の再生ではありません。人間は、それまでとは異質の神の子にされるのです。

信仰

イエス様はこう続けられます。

「死者が復活することは、モーセも『柴』の個所で、主をアブラハムの神、イサクの神、ヤコブの神と呼んで、示している。」(20・37)

イエス様が挙げておられる「柴」の箇所とは、モーセ五書の一つ、出エジプト記の3章に記されたモーセが召命を受ける場面です。そこで、神はご自身をアブラハムの神、イサクの神、ヤコブの神と呼んでいます。彼らの神は、永遠に生きて働かれる神です。このことが、彼らが今も生きている徴なのです。肉体をもって、今も地上を生きているわけではありません。彼らの肉体の命は死んだのです。しかし、主なる神は生きています。その神と、彼らは信仰において今も結びついているのです。だから、彼らの肉体の命は死んでも、霊の命を生きているのです。

イエス様は言われます。

「神は死んだ者の神ではなく、生きている者の神なのだ。」（20・38）

私たちは、肉体の命において死んだ者を故人として扱います。それは一面で正しいことです。しかし、それと同じく、神様のことも故人のように扱うのです。

「死人に口なし」と言います。死んだ者は何も言わない、喋りはしない、ということです。だからこそ、「あの人はああ言っているに違いない」と言ったりできます。しかし、その内容は自分にとって都合が良いことになっているのではないでしょうか。そして私たちは、神様のことを自分に都合の良いように扱っていることがあります。神様は人間の都合良いように語るわけでも、業をなさるわけでもありません。神様は、人間の自由になる方ではありません。そして、主を神とする信仰を与えられた者にとって、肉体の命の死がすべての終わりを意味するのではありません。

「すべての人は、神によって生きているからである」（20・38）は、解釈が分かれる言葉です。「すべての人は、神のもとで生きているのだ」とも受け取れるし、「すべての人は神に向かって生きている」とも受け取れます。口語訳聖書では「人はみな神に生きるものだからである」であり、新改訳聖書2017では「神にとっては、すべての者が生きているのです」となっています。

まず「すべての人」とは何を指しているのかを考えなければいけないと思います。「すべての人」と言うのですから、地上に生きているすべての人と解するべきです。でも実際には神を否定している人もいますし、昔も神ならぬものを神として崇めていた人もいます。人間にとって、主観と客観は違います。主観的にどう思っていようと、人間は神に造られた被造物です。被造物の幸せは、造られた意図通りに生きることです。しかし、人間は自分を中心に考えるエゴイズムに陥り、主観的には神を排除してしまうのです。実は幸せを求めているのに、こちらに幸せがあるのだと思い、不幸に向かって歩んでしまう。そういう勘違いが人生にはあります。

エフェソの信徒への手紙にこういう言葉があります。

「眠りについている者、起きよ。
死者の中から立ち上がれ。
そうすれば、キリストはあなたを照らされる。」（エフェソ５・14）

自分が神の被造物であることを認めず、主観的には幸せを求めつつ、客観的には不幸になる道を歩んでいる。そういう者たちを、ここでは「眠っている者」「死者」と言うのです。

すべての人は神の被造物として神に向かって造られた。その事実は変わらない。しかし、そのことに気づき、自分自身が罪人であったことに気づき、悔い改める(方向転換する)者は多くはないのです。彼らは主観的には生きており、楽しんでもいる。しかし、客観的には死んでいる。神はすべての人が目覚め、立ち上がって生きてほしいと願うゆえに、すべての人を招いている。そう読めるのではないかと思います。

この答えを聞いて、律法学者の中には「先生、立派なお答えです」(20・39)と言う者もおり、サドカイ派の人々も律法学者たちも、イエス様に「もはや何もあえて尋ねようとは」(20・40)しなくなりました。

復活

ここでもう一度、復活について考えたいと思います。

信仰によって主に結ばれていることなくして、復活などあり得ません。復活と再生は違います。よく「天国で、おばあちゃんはおじいちゃんにお茶を出している」とか言ったりします。でも、おじいちゃんもおばあちゃんもずっと高齢者のままなのでしょうか、そこでも夫婦なのでしょうか。天国の情景を今の自分を中心に描いているのです。これは復活ではなく再生です。そんなことは聖書のどこにも書かれていません。
パウロは、私たちは朽ちるものとして蒔かれ、朽ちないものとして復活すると言います（Ⅰコリント15・42―43）。これは世の終わりの時に、主イエス・キリストが実現してくださることです。朽ちないものがどういうものであるか、そして神の国がいつ完成するのかは分かりません。でも、主イエス・キリストが神の国を完成し、その時に死人は復活するのです。私たち信仰者はそのことを知らされ、その日に向かって生きているのです（同15・20以下）。だからパウロはこう言うのです。

わたしの愛する兄弟たち、こういうわけですから、動かされないようにしっかり立ち、主の業に常に励みなさい。主に結ばれているならば自分たちの苦労が決して無駄にならないことを、あなたがたは知っているはずです。（同15・58）

信仰によって主に結ばれている私たちは、絶えず新たに主を受け入れつつ、愛に生きたいと願います。そこにおける労苦は、「決して無駄にならないことを」私たちは知っているからです。

22　キリスト者とは（20・41―47）

メシアはダビデの子？

イエス様の周囲にはさまざまな人がいます。祭司長、律法学者、民の指導者（長老）、ファリサイ派の人々、サドカイ派の人々、弟子たち、そして民衆。彼らはこの世における地位や身分は違います し、この段階ではイエス様に好意的な人々と否定的な人々の違いはあります。それは、これまで見てきたことで明らかだと思います。しかし、好意的であろうと否定的であろうと、イエス様とは何者であるかは分からない。その点では一緒なのです。無理もありません。イエス様ほど不思議な方は、これまでもおられなかったし、これからもおられないからです。しかし、そうではあっても、イエス様のことを誤解したままでよいわけがありません。

41節はこう始まります。

イエスは彼らに言われた。「どうして人々は、『メシアはダビデの子だ』と言うのか。……」（20・41）

「どうして」は、「どういう意味で」「どのようにして」ということでしょう。「メシアはダビデの子ではあり得ない」と、イエス様はおっしゃっているのです。その言葉の背後には、当時の人々にとっての詩編やダビデの子、メシアという言葉が何を意味していたのかを考える必要があると思います。

詩編は全部で百五十の詩が集められたものです。それはすべてダビデ王の詩であるとされ、「ダビデの詩」と言われていました。ダビデはエルサレムを攻め落として都とし、十二部族を統一してイスラエルの初代の王となった人物です。領地の広さの意味では、ダビデの息子ソロモンが最大の王ですが、十二部族を統一して国を作った王として後々まで英雄視されていました。必然的に「ダビデの子」は、異邦人を駆逐してユダヤ人の国を作る「メシア」を意味するものになっていったのです。

イエス様も、詩編はダビデのものであるとしています。その上で、詩編110編1節を引用されるのです。

「主は、わたしの主にお告げになった。
『わたしの右の座に着きなさい。
わたしがあなたの敵を
　あなたの足台とするときまで』と。」（20・42―43）

最初の「主」は主、主人です。神を表します。次の「わたしの主」はダビデの「主」ということです。後の文書から明らかなように「メシア」「救い主」のことです。詩編の作者であるダビデが、メシアを「主」と呼んでいる。だから、「メシアはダビデの子だ」というのは全くの本末転倒になります。

人間は、何でも固定化して理解したがるのです。メシアとはこういう存在だ、主とはこういう神だ、ダビデの子とはこういうことをするものだ。そうやって固定化し、自分の中に取り込もうとするのです。それと同じように、イエス様のことも固定化し、理解しようとします。しかし、イエス様のことは分からないのです。無理もないことです。

イエス様は時にダビデの子と言われたり、メシアと言われたりしたのでしょう。それらの言葉の意味も、当時の人々が考える意味です。しかし、その中にイエス様が入るわけがありません。ダビデの子にしろメシアにしろ、当時の人々は、異邦人を駆逐してユダヤ人の国を作る政治的民族的指導者と考えていました。そして、その国に住むことに救いを限定してしまうのです。

それに対して、イエス様は「否」とおっしゃっているのでしょう。人間も社会も、外面もあれば内面もあります。しかし、人間はどちらか一方に固定化しやすいものです。そして、自分のイメージにそぐわない者は排除してしまう。そうすることで、実は自分自身を排除しているのです。イエス様は、そのことを防ぐためにも、「ダビデがメシアを主と呼んでいるのに、どうしてメシアがダビデの子なのか」(20・44)とおっしゃっているのです。

主メシア

ここにありますように、イエス様は主でありメシアなのです。もちろん、その意味は、当時の人々が考える意味とは違います。「主メシア」と聞くとイエス様が誕生された日のことを思い出します。その時、天使は人間扱いされていなかった羊飼いに向かってこう言いました。

「恐れるな。わたしは、民全体に与えられる大きな喜びを告げる。今日ダビデの町で、あなたがたのために救い主がお生まれになった。この方こそ主メシアである。あなたがたは、布にくる

まって飼い葉桶の中に寝ている乳飲み子を見つけるであろう。これがあなたがたへのしるしである。」(2・10―12)

「主メシア」の誕生が、最底辺に生きている羊飼いに、真っ先に知らされるのです。それが全世界の民(民全体)に与えられる「大きな喜び」(2・10)であり、その子が「救い主」だからです。その方は、ローマの平和(パックス・ロマーナ)の基礎を築いたと言われるアウグストゥスの支配の時代にお生まれになりました。その方がもたらす平和は、異邦人を武力で平定することででき上がるものではありません。そういう平和は、武力によって崩壊する平和です。

イエス様がもたらす平和は、神様との間に造られた平和です。神様は、罪を犯しているわけではないイエス様を、罪人として裁かれたのです。それが、十字架です。神様は、その裁きを受けた方を死人から復活させ、弟子たちとの間に平和を造ってくださいました(24・36)。そして、復活のイエス様を天に挙げられたのです(24・51)。そして、天から聖霊が降され、すべての人間が神に向かって歩む平和が築かれたのです。弟子たちは、聖霊を受けることによって、神様がイエス様を通して与えてくださった福音(良き知らせ)を説教するようになりました。ここに主メシアの業があります。そして、「イエス様はメシア(キリスト)です」と証しするのが教会です。神様は、この方を通して、ご自身を排除する者を赦し、受け入れる神であることを表されたのです。イエス様は、その神様の愛を表す方であるがゆえに主（キュリオス）なのです。そこに武力で作り出すものと根本的に違う平和があります。

気をつけなさい

私たちキリスト者は教会に生き、「イエス様はメシア（キリスト）です」と証しする弟子たちです。それは、イエス様に従う僕たちであるということです。しかし、そういう僕が、いつしか律法学者のように主人になってしまい、偽善者になってしまうことがあります。「敬虔なクリスチャン」は「偽善者」をも意味する言葉だと思います。たしかにそうです。私たちは気をつけていなければ、すぐに偽善者になってしまうのです。ペトロが「神からのメシアです」（9・20）と信仰を告白した直後、イエス様は受難・復活の予言をしました。そして、「自分の命を救いたいと思う者は、それを失うが、わたしのために命を失う者は、それを救うのである」（9・24）と言われたのです。自分を捨て、イエス様に従うのがキリスト者です。そのキリスト者として生きることが、命を救うことなのです。私たちは、今も自分で自分を救おうとしてはいないでしょうか。

23　人生を神様の愛にささげて生きる（21・1―6）

表面

私たちは時に「あの人は表面的な人間だ」と言ったりします。表面的な人間とは、目に見える現象はきちんと整っているが、その内面はだらしがない人間ということでしょう。私たちは、得てしてそういう人間です。少なくとも、表面に見える現象に目を奪われることは確かです。

「賽銭箱《さいせん》」（21・1）が置いてある場所はエルサレム神殿の境内です。境内には入り口がラッパ状に作られた賽銭箱が十三箇所に置かれており、賽銭は基本的に指定献金で、それぞれの賽銭箱には担当者がいたようです。そして、人はその担当者に献金の目的を言ってから献金を入れたようです。その時、入り口がラッパ状の賽銭箱はカランカランと大きな音をたてた、と言われています。

イエス様は、神殿の境内に座り「金持ちたちが賽銭箱に献金を入れるのを見ておられた」（21・

1）とあります。そして、「ある貧しいやもめがレプトン銅貨二枚を入れるのを見て」（21・2）こう言われました。

「確かに言っておくが、この貧しいやもめは、だれよりもたくさん入れた。あの金持ちたちは皆、有り余る中から献金したが、この人は、乏しい中から持っている生活費を全部入れたからである。」（21・3―4）

「確かに言っておく」とは、「これから言うことは確かである」の意味でしょう。ギリシア語の「確か」は「真理」と語根を共にします。世の中を行き交っている言葉は、表面的な言葉に過ぎず、確かなものではない。そこに真理などない。そういうことだと思います。なぜ、私たちの言葉が、確かな言葉でなくなってしまうのか。私たちが目に見えることを追い求めているからです。

イエス様の言葉によれば、私たちは「有り余る中から献金」（21・4）しているのです。5節に、ある人たちが「神殿が見事な石と奉納物で飾られていることを話している」とあるように、私たちは見えるものに目を奪われ、行動が左右されがちです。自分の献金が神殿の石になった、私はあの奉納物を捧げた、私たちはそういうことを人に見せたがり、誇りとするものです。あるいは、それらのものが豪勢なものだと、その神殿を建てた者の権力に圧倒されたりする。つまり、そういうものに価値を置いているのです。

しかし、イエス様の価値観は全く違います。このやもめは貧しく、誰よりも賽銭をたくさん入れた。乏しい中から生活費を全部入れたからだ、とイエス様はおっしゃるのです。

貧しさ

「貧しい」（プトーケー）とは、経済的な貧しさを表します。でも、経済的な貧しさが人にもたらすことは一つではありません。この人の場合、「生活費」（ビオス）の全部を賽銭箱に入れる貧しさです。ルカ福音書の中で、イエス様の言葉が最初に出て来るのは４章です。それは預言者イザヤの言葉の引用から始まります。そこにこうあります。

「主の霊がわたしの上におられる。
貧しい人に福音を告げ知らせるために、
主がわたしに油を注がれたからである。」（４・18）

ここに出て来る「貧しい人」、それは主に望みをかける者のことです。主にしか望み得ないことでもあります。現代の日本は格差が拡大し続けていると言われます。勝ち組、負け組という言葉が生まれ、下層階級とか上層階級と言われます。一度下層に落ちれば二度と上がれないとも言われます。経済的格差は次第に不変的な身分を作り出してしまうのです。イエス様の時代はなおさらだったと思います。経済的に貧しい人々は、底辺を生きる希望なき人々を意味していたでしょう。そういう人々は神に見捨てられていると思われていました。

しかし、イザヤもイエス様も、貧しい人が福音を告げ知らされる、と言うのです。福音とは良き知らせのことです。神は貧しい者を見捨ててなどいない、神はすべての人を愛し、すべての人が神の愛を信じて生きることを願っている。

この福音をまともに聴き、受け入れるのは誰でしょうか。貧しい者であれば必ず受け入れるわけではないでしょう。けれど、周囲からは神に見捨てられたと思われ、自分でもそう思わざるを得ない者は、貧しい人であることは間違いありません。だからイエス様は「貧しい人々は、幸いである」（6・20）と言われるのです。

そして「生活費」と訳された言葉（ビオス）は「人生」の意味もあります。貨幣の奥に何があるのかが問題なのです。この女は、神様に自分の人生をかけている。イエス様にとってはそれが問題なのです。

イエス様にとって「だれよりもたくさん入れた」の「たくさん」は額ではありません。そこに自分の人生をかけているのか否か。献金が献身になっているのか。そのことが問題なのです。金持ちたちの献金は額が問題なのです。しかし、この貧しいやもめが捧げた献金は自分の人生です。自分の人生を神に献げているのです。自分で生きることではなく、神に生かされる人生にかけている。そのことによってしか、神様の福音は分からないのです。なぜなら、神様はイエス様を通して、罪人に新しい命を与えることにかけているからです。賽銭箱に入れる金額を問題にする金持ちたちに、福音が分かるはずもありません。そこには、イエス様の命がかかっているのです。命には命、人生には人生で応答するのは当然のことです。貧しいやもめは、自分の人生を神様の愛にかけたのです。彼女は自分の人生を捧げたのです。それが、彼女の神様への愛です。それが福音を聴くことですし、幸いということです。

見えるものは

エルサレム神殿は、側面が厚い金で覆われていて、太陽の光を反射していたようです。そういう側面の石を見つつ、ある人たちが神殿の見事さを話していたのです。その話を聞いてイエス様は言われました。

「あなたがたはこれらの物に見とれているが、一つの石も崩されずに他の石の上に残ることのない日が来る。」(21・6)

ここに出て来る「あなたがた」は、イエス様の後ろから従っている弟子たちのことだろうと思います。彼らには、そろそろイエス様と同じ価値観を持ってほしいし、同じものの見方をしてほしいのです。この世には戦争がありますます。平和を求めているんだと言いつつ、実は資源などを求めて戦争します。でも、剣を持つ者は剣で滅ぼされます(マタイ26・52)。日本は木の文化ですし、焼け野原という言葉があるように、戦争があれば多くのものは跡形もなくなったりします。しかし、石の文化である地では徹底的な破壊が行われ、その上に新たな町が建てられることがあります。イスラエルを旅行した方はお分かりのように、現在の町の下にかつての町があるのです。イエス様の言葉は、そういうことを背景にした言葉だと思います。

目に見えるものは、それがどんなに豪華なものであってもなくなるものです。それは建物のようなものに限りません。制度とか秩序などもそうです。今はそれが当たり前のことであっても、五十年後とか百年後には変わっているのです。

イエス様は「天地は滅びるが、わたしの言葉は決して滅びない」（21・33）とおっしゃいました。目に見えるものはなくなる、ということです。しかし、私たち人間はそういうものの中に永遠があるかのように錯覚し、見とれる（21・6）ものです。しかし、イエス様に従う弟子である私たちキリスト者は、目に見えるものに価値を見出すのではなく、神様が遣わしたイエス様を私のキリスト、世界のキリストと信じ、証しをする。この方を通して私たち罪人を愛し、見えない神の国に私たちを生かそうとしている神様の愛に、人生をかけるのです。そこに私たちキリスト者の幸いがあり、確かさ（真理）があるのです。なぜなら、このキリストは、私たちの罪が神様に赦されるように祈りつつ（23・34）十字架に架かって死んでくださり、私たちが新しく神の国に生きることができるようにと、復活させられ、昇天し、主とされた方だからです。そこに、キリストを通して現れた神の愛があるのです。その愛を全身で受け止めて、神を愛して生きる。そのことに人生をかける。そこに、貧しさに生きる幸いがあるのです。

24　最後に勝つのは神の愛（21・7—19）

終末

この箇所はしばしば「小黙示録」と言われます。終末に関することが語られているのです。この原稿を書いているのは二〇二〇年の五月です。新型コロナウイルス感染はあっという間に広がり、全国に非常事態宣言が発令されるまでになりました。今は特効薬もなくワクチンも開発されていませんし、経済や医療の危機が世界に及んでいます。多くの人が感染し、亡くなる方も後を絶ちません。国内の非常事態宣言は一か月延長されましたが、その後のことは誰にも分かりません。社会の変動とはよく言われることですが、今回のウイルス問題を通して、これまでの社会は終わるのではないかという気もします。もちろん、人間とか社会はあるでしょう。それは変わらない。しかし、これまでと同じではない。これまでも、そういう変化を通して新しい人間、新しい社会が生み出されてきた面があります。

イエス様も、この世においては、戦争とか暴動（21・9）、地震、飢饉、疫病が起こり（21・11）、人々は敵対し、家族の中でも裏切りが起こる（21・16）ことをご存じでした。これらのことは、繰り返し起こってきたのです。しかし、「世の終わりはすぐには来ない」（21・9）のです。

これまでも繰り返し危機的状況が襲って来ました。そういう時に、「わたしがそれだ」とか「時が近づいた」とかいう人が出て来たり（21・8）します。そして、「悪いのはあいつらだ」というような、犯人探しが始まり、多くの人が惑わされ、差別やいじめに走ります。まさに、悪魔の思うつぼです。

私たちは錯覚、あるいは誤解の中を生きているものです。自分の姿も人の姿も正確には見えていませんし、目に見える現象しか見ておらず、その現象の奥にあり、その現象を生み出すものが何であるかを見ていないのです。それが錯覚や誤解を生み出します。今で言えば、ウイルスを恐れてはいるけれど、感染を通して、人と神を、そして敵意や憎しみによって人々を分断していく悪魔を見てはいないのです。そのようにして、悪魔に絡めとられていくのです。悪魔は私たちの目を現象に向けさせ、その現象を生み出すものに向けさせません。そして、今の問題に目を向けさせ、世の終わりに向けさせません。

イエス様は「こういうことがまず起こるに決まっているが、世の終わりはすぐには来ないからである」（21・9）と言われます。世の終わりとは、世の最終目標です。世をどう見るかに関係します。イエス様は、世は神が造ったものだと考えているのです。神が始め、神が完成させるものだとおっしゃっている。

旧約聖書に登場する預言者イザヤは、目の前に広がる弱肉強食の世界、正義が勝つのではなく勝った者が正義になる世界を見つつこう言いました。

エッサイの株からひとつの芽が萌えいで
その根からひとつの若枝が育ち
その上に主の霊がとどまる。

わたしの聖なる山においては
何ものも害を加えず、滅ぼすこともない。
水が海を覆っているように
大地は主を知る知識で満たされる。
その日が来れば

エッサイの根は
　すべての民の旗印として立てられ
国々はそれを求めて集う。
そのとどまるところは栄光に輝く。（イザヤ書11・1—2、9—10）

イザヤも迫害されました。目の前にあるダビデの王朝は切られて、切り株のようになるというのです。エッサイの株とはそのことを表します。しかし、神様がこの世に立てる若枝がその株から育ち、全地は主を知る知識で必ず満たされると言うのです。彼はこの世の王からも民からも迫害されながら、神を見つめ、神が語りかけてくる言葉に耳を傾け、そして神の言葉を語りました。その言葉が、今も私たちを支え導く神の言葉なのです。

もう一箇所、ローマの信徒への手紙にあるパウロの言葉を見たいと思います。彼は神に選ばれた民であるはずのユダヤ人が福音を拒絶して、福音は異邦人に広がっており、自分は異邦人に福音を宣べ伝える者として召されていると言うのです。そういう二律背反的な現実を目の当たりにしつつ、彼はこう言うのです。

ああ、神の富と知恵と知識のなんと深いことか。だれが、神の定めを究め尽くし、神の道を理解し尽くせよう。

「いったいだれが主の心を知っていたであろうか。

だれが主の相談相手であっただろうか。

だれがまず主に与えて、
その報いを受けるであろうか。」

すべてのものは、神から出て、神によって保たれ、神に向かっているのです。栄光が神に永遠にありますように、アーメン。（ローマ11・33―36）

すべての者が、神の導きに対して「アーメン（まことにそのとおり）」と唱える時に、人間の目には混沌が満ちており、すべてが空虚に見えても、「すべてのものは、神から出て、神によって保たれ、神に向かっている」ことを知り、「アーメン」と万人が唱える日がくる。この世は神が完成させるのだと信じる日がくる。パウロは、そういう信仰に立っているのです。イザヤもそうです。

そして、イエス様は世の終わりの時、神の国を完成させるために再臨される。私たちはそこに向かって歩んでいるのです。

迫害

イエス様は、終末を迎える前に、「あなたがた」は迫害されるとおっしゃいます（21・12）。あなたがたとは、「わたしの名のために」生きているキリスト者のことです。「イエス様はキリストです」と信じて生きることは、時に世の支配者の前に引きずり出されることを意味します。しかし、イエス様は、そのことを「証しをする機会となる」（21・13）とおっしゃるのです。迫害と証しは通常は結びつきません。でも、イエス様は「何も心配しなくて良い」とおっしゃるのです。なぜなら、そこで語るべき言葉は「わたしがあなたがたに授ける」（21・15）からです。私たちは、いつもイエス様の名のために生きていること、イエス様に従いながら愛に生きていること、そのことに邁進《まいしん》していることが、結果として迫害に備えることになるのです。自分の言葉を語るために備えることとは、自分で隙を作ることとなのだと思います。

キリスト者の命

「親、兄弟、親族、友人にまで裏切られる。中には殺される者もいる」（21・16）とイエス様は言われます。これらのものは、この世を生きる上でなくてならぬものでした。しかし、イエス様の名のために生きるキリスト者の命は、それまでの命とは根本的に違うものです。そのことのゆえに、この世においては迫害されることもあります。しかし、土台がキリストにあるのです。十字架の死と復活の命に土台があるのです。これから、新型コロナウイルス感染の危機によって新しい社会が、これまでの秩序ではない新しい秩序が、生まれてくるでしょう。ますます格差が広がるとも言われます。当然、私たちも新しい世の価値観になじむことが求められます。しかし、それはキリストの永遠の愛を土台として生きる命を替えることではありません。私たちは、キリストが与えてくださったこの命を、今日も忍耐をもって生きるのです。

25　身を起こし頭を上げて生きよう（21・20—28）

エルサレム

今回の箇所で問題になっていることは、地上のエルサレムのことであり、天上の天体のことです。両者は意識的に対照されていると思います。

多くの国で、この町は神聖不可侵だと信じられている町があるものです。ユダヤ人にとって、エルサレムがそうでした。エルサレムには神を礼拝する神殿があります。だから、エルサレムは宗教が違う異邦人が侵略できない神聖不可侵な都だと信じられていました。日本でも、天皇の住まいである皇居が建っている東京は帝都として神聖不可侵な都と考えられました。

しかしイエス様は、エルサレムに忠誠を尽くす必要はないと言われるのです。異邦人によってエルサレムが滅ぼされる日は、イエス様にとっては「書かれていることがことごとく実現する報復の日」

（21・22）です。そして、「この地には大きな苦しみがあり、この民には神の怒りが」（21・23）下り、エルサレムの人々は、「剣の刃に倒れ、捕虜となってあらゆる国に連れて行かれる」（21・24）のです。つまり、主イエスにとっては、エルサレムも少しも永遠ではないのです。

イエス様は、エルサレムの滅亡を喜んで告げているわけではありません。神の名を口にしつつ、結局自己中心に生き、神を利用するユダヤ人が異邦人によって滅亡させられることを、涙を流しながら告げられるのです。そのことを、イエス様はユダヤ人が集まる神殿の境内で語りました。隠れてひそひそ話すのではなく、誰もが聞こえるように話すのです。そのゆえに、イエス様は「非国民」として、十字架刑にかけられることになります。

見る

今はコロナウイルス感染防止のために、外出自粛が勧められ、さまざまな影響が出ています。それまで当たり前にやって来たことが当たり前ではなくなった、とよく言われます。永遠不変だと思っていたものが、そうではなかった。終わりなどないと思っていたものが、そういうものではなかったということです。地球に人類が誕生したのは最近のことですけれど、人口問題、食糧問題、気候変動問題があり、今はウイルス感染問題があります。いずれも完全な克服は難しいでしょう。これらの問題は日本人だけの問題ではなく、人類の問題です。

今回の箇所では、ユダヤ人や異邦人が問題ではなく、「人々は見る」（21・27）ということが問題になっています。つまり民族が問題ではなく、人間が問題なのです。人々が、「天体が揺り動かされる」（21・26）のを見、「この世界に何が起こるのかとおびえ、恐ろしさのあまり気を失う」（同）、「そのとき、人の子が大いなる力と栄光を帯びて雲に乗って来るのを、人々は見る」（21・27）と、主イエスは言われる。それは一万年後かもしれないし、そんな遠い未来ではないかもしれません。いずれにしろ、私たちが分かることではないし、決めることでもありません。イエス様だって知らないのです。それは、神様がお決めになることです（マルコ13・32）。

「このようなことが起こり始めたら、身を起こして頭を上げなさい」（21・28）と、主イエスはキリスト者に向けて言われます。「身を起こして頭を上げなさい」という言い方は、詩編に「城門よ、頭を上げよ　とこしえの門よ、身を起こせ」（詩編24・7）と出てきます。なぜ、城門や門は身を起こして、頭を上げなければならないか。それは、「栄光に輝く王が来られる」（同）からです。その王とは「万軍の主、主こそ栄光に輝く王」（同24・10）だからです。つまり、主イエスを、私たちは身を起こし、頭を上げてお迎えするのです。

「解放の時」は、原文ではアポリュトローシスという言葉です。パウロは、ローマの信徒への手紙の中でこの言葉を使って、こう言っています。

人は皆、罪を犯して神の栄光を受けられなくなっていますが、ただキリスト・イエスによる贖いの業を通して、神の恵みにより無償で義とされるのです。(ローマ3・23―24)

被造物だけでなく、〝霊〟の初穂をいただいているわたしたちも、神の子とされること、つまり、体の贖われることを、心の中でうめきながら待ち望んでいます。わたしたちは、このような希望によって救われているのです。(同8・23―24)

ここに出てくるキリスト・イエスによる「贖いの業」や、神の子となるために「体の贖われること」が、「解放の時」と同じ言葉です。

罪によって神様との交流ができなくなった罪人である私たちに代わって、イエス・キリストは「父よ、彼らをお赦しください。自分が何をしているのか知らないのです」(23・34)と祈りつつ神の裁きを受けてくださいました。御子は、私たちのために十字架の死を味わい、そのことのゆえに復活と昇天を神に与えられ、聖霊を降してくださったのです。その聖霊によって、御子を救い主(キリスト)と信じる信仰を与えてくださったのです。そして、神はその信仰を生きる者の罪を赦して無償で義としてくださいます。その結果、私たちは終わりの日に、神の子として復活させられるのです。私たちは、今や世の終わりの日に起こることに対する恐怖ではなく、希望を抱いて生かされています。

解放の時

主イエスが「生ける者と死ねる者とを裁き」（使徒信条）救いを完成するために「人の子」として再臨される時、キリスト者は身をすくめて神の前から隠れるのではなく、「身を起こして頭を上げる」（21・28）ことができます。自分たちが、神の子として体が贖われる希望が実現するからです。霊の初穂を頂いている私たちキリスト者は、生きている今、イエス・キリストによって無償で義とされたのです。だから、恐怖しながらではなく、人の子を迎える希望を持ちながら終わりの日を迎えることができるのです。そのことを忘れてはいけません。

ある牧師がこう言っていました。

「聖書が語るのは……『もはや死はなく、もはや悲しみも嘆きも労苦もない』、キリストの再臨の希望を紡いでゆく物語である。説教と聖餐を通して、主の再び来たり給うを待ち望みながら、既に世に勝っておられる主を仰ぎ見ながら、キリストの愛から引き離す何ものも存在しないことを約束されながら」（左近豊『3・11以降の世界と聖書』日本キリスト教団出版局、二〇一六年、77頁）

この本の中に出てくる「もはや死はなく」以下の言葉は、ヨハネの黙示録21章の言葉です。この言葉は、私がご遺体を火葬する直前に毎回読む言葉です。その直前の言葉はこうなっています。

「神が人と共に住み、人は神の民となる。神は自ら人と共にいて、その神となり、彼らの目の涙をことごとくぬぐい取ってくださる。もはや死はなく、もはや悲しみも嘆きも労苦もない。最初のものは過ぎ去ったからである。」（黙示録21・3―4）

私はこの言葉を読んで、ご遺族に「最後のお別れです」と言います。ご遺族にとっては、ご遺体との最後のお別れだからです。私たち人間ができるのは、そこまでです。しかし、主イエスは人の子として世の終わりの日に再臨し、「生ける者と死ねる者とを裁きたまわん」。その点において、地上に残っている私たちも何の変わりもありません。

私たちは、肉体が生きている今も、肉体という意味では死んだ後も、この日に向かっているのです。だからいつも「身を起こして頭を上げて」いられるのです。いつも主イエスによって与えられた「体の贖い」を、罪と死からの「解放の時」として待ち望むことができるのです。私たちは、その希望によって、今日も救われた者として歩んでいきたいと思います。

26　良い目と耳をもって生きる（21・29—38）

キリスト者の目と耳

木の枝に「葉が出始めると、それを見て」（21・30）夏が来たと分かるのと同じように、「これらのことが起こるのを見たら、神の国が近づいていると悟りなさい」（21・31）とあります。「これらのこと」は、戦争や暴動、キリストを名乗る者の登場、迫害の到来、エルサレムに象徴されるものの崩壊などです。人間が「永遠」と思っていたものがすべて崩壊する。そういう時が来ると、イエス様は言われるのです。その時、人々は逃げまどったり、怯えたりする、と。当然です。

しかし、キリスト者はそこで神の国が近づいていることを悟るのです。つまり同じものを見ても、一切のものの破滅ではなく神の国の完成を見ているのです。どうしてでしょうか。

人の子が再臨する世の終わりの時にこそ、既に到来しつつあり、未だ完成していなかった神の国は完成するからです。キリスト者は、その神の国に生かされる。だから私たちは、身を起こして顔を上げることができるのです。

なぜかと言えば、イエス様の言葉は天地が滅びても滅びないからです。この「滅びる」（パレルコマイ）は、「過ぎ去る」という意味です。イエス様の言葉は決して過ぎ去ってしまってなくなることがない。イエス様は天地の造り主なる神様と一体の交わりをしている方であるがゆえに、その方の言葉は決して滅びないのです。そのイエス様が「はっきり言っておく」（21・32）とおっしゃったのです。「はっきり言っておく」は、「アーメン、言っておく」が直訳です。イエス様は、神殿における説教の中でこの言葉を使われました。聴衆一人ひとり、特に弟子たちには信じてもらいたかったのです。

そこで、イエス様はこう言われます。

「放縦や深酒や生活の煩いで、心が鈍くならないように注意しなさい。さもないと、その日が不意に罠のようにあなたがたを襲うことになる。その日は、地の表のあらゆる所に住む人々すべてに襲いかかるからである。」（21・34―35）

そういう現実の中で、イエス様の弟子たちは、

「しかし、あなたがたは、起ころうとしているこれらすべてのことから逃れて、人の子の前に立つことができるように、いつも目を覚まして祈りなさい」(21・36)

と言われるのです。

言うまでもないことですけれど、世の終わりは「あらゆる所に住む人々すべてに襲いかかる」(21・35)のです。それも、「不意に罠のように」(21・34)襲いかかってくる。人間は自分の力で世の終わりをもたらすわけではありません。そのことに対して、私たちは完全に無力なのです。私たち人間が神の国の完成をもたらすわけではありません。それは神の業であって、どんな意味でも私たちの業ではありません。

心

しかし、そういう世の中にあって、私たちキリスト者がしなければならないことがあります。それは心を鈍らせないことです。

「心」(カルディア)という言葉は、24章にも出てきます。そこで女たちは、最後の奉仕のつもりで、墓に行きました。十字架の上で息を引き取り、墓に納められたイエス様の遺体に匂い消しのための油を塗って差し上げたいと思ったのです。しかし、彼女たちは天使たちに会い、彼らから「人の子は必ず、罪人の手に渡され、十字架につけられ、三日目に復活することになっている」（24・7）というイエス様の言葉を聞かされました。びっくりした彼女らは大急ぎでエルサレムに帰り、弟子たちにすべてを伝えました。しかし、弟子たちはその言葉を信じることができませんでした。たわ言だと思ったのです。無理もない話です。

そして、二人の弟子はエマオという故郷に帰っていきました。彼らは、救い主であるべきキリストが排斥されて罪人として十字架につけられて殺されるなんて信じられなかったのです。そういう弟子たちを、復活させられた主イエスは追いかけ、話を聞きました。でも弟子たちは、その方がイエス様だとは分かりませんでした。イエス様は彼らに「ああ、物分かりが悪く、心が鈍く預言者たちの言ったことすべてを信じられない者たち」（24・25）と、言われました。ここに「心」が出てきます。しかし、もう一回出てくるのです。

「メシアはこういう苦しみを受けて、栄光に入るはずだったのではないか」（24・26）と、主イエスは言います。しかし弟子たちは、それがイエス様だとは分かりませんでした。イエス様はその後、モーセから始めて聖書全体について歩きながら語りました。しかし彼らの目は遮られていて、目の前にいるのがイエス様だとは分からなかったのです。
その後、夕方になったので勧められるままに、イエス様は彼らの家に入り、食事の時になりました。その家ではイエス様は主人ではなく客なのに、まるで主人であるかのように食卓の中心にいました。

一緒に食事の席に着いたとき、イエスはパンを取り、賛美の祈りを唱え、パンを裂いてお渡しになった。すると、二人の目が開け、イエスだと分かったが、その姿は見えなくなった。二人は、「道で話しておられるとき、また聖書を説明してくださったとき、わたしたちの心は燃えていたではないか」と語り合った。（24・30—32）

彼らはパンを受け取った時、いま目の前にいる方が「イエスだと分かったが、その姿は見えなくなった」（24・31）のです。聖書全体の話を歩きながら聞いていた時には、復活したイエス様が話してくださっていることが分からなかったのです。しかしその時、彼らの心は燃えていたのです。彼らはこの時になって、受難のキリストこそ人間では決して打ち破ることができない死の壁を打ち破った栄光のキリストであると分かったのです。これは彼らにとって決定的なことです。後にさまざまな迫害を受けながら伝道する時、心が燃えたという事実が彼らを支えたでしょう。

イエス様は神様を礼拝する場である神殿で、そのことを連日語られました。すべてのことを始めたのも神ですし、完成するのも神なのです。イエス様に対する信仰において、この神様と結びついていることは大切なことです。

キリスト者のすべきこと

復活のイエス、再臨の人の子は肉眼で見るものではないし、その言葉もイエス様の時代のユダヤ人の言葉や今の英語や日本語であるわけではないでしょう。そういう意味で、私たちも知性で分かるわけではありません。しかし、聖書の言葉、説教の言葉に、あるいは讃美歌の言葉に、心が熱くなったことがあるのではないでしょうか。その時がなければ、私たちはキリスト者になっていなかったと思うし、今もキリスト者であることはないと思います。

私たちは世の終わりが来れば、恐らく肉体的には死んだ後ですけれども、身を起こして頭を上げ、いつも目を覚まして祈る者として、心を燃やされた者として、神の国の完成に与り、人の子の前に立つのです。いや、信仰において今既に立っているのです。肉体の目には見えず、耳には聞こえず、その心でしか分かり得ないイエス様が、今も生きておられることを私たちは知っているのですから。だから、肉体が生きている今も、その死の姿をもっても、私たちの主、受難と栄光のキリスト、再臨の人の子によって世の終わりに完成する神の国を証しする者でありたいのです。

主イエスは、「アーメン」と言って語りかけてくださいました。だから、私たちも「アーメン、その通りです。あなたは今私たちと共に生きておられ、世の終わりに神の国を完成してくださいます。主よ、信じます」と、告白する者でありたいのです。信仰の証しは教会全体でやるのです。私たちは自分に与えられた賜物で自分ができることをやるしかないし、それでよいのです。ただ私たちは聖書を読んでいる人間として、良い目と耳を持つ者でありたいと思います。しっかり見るべきものを見、聞くべきことを聞き、そこで見たものや聞いたものを証ししたいと思います。

27　人の思惑を越えて　（22・1―13）

引き渡す

この箇所からイエス様が十字架につけられる話になります。弟子の一人であるユダは祭司長らにイエスの居場所を伝えるつもりでした。しかし、イエス様を殺すなんてことは考えていなかったと思います。「祭りの間は黙っていてほしい。あまりに危険だ。しばらく、祭司長らの留置場で静かにしておいた方が良い」とは思ったかもしれません。しかし、彼の思い通りにはなりませんでした。

祭司長や神殿守衛長たちは「喜び」（22・5）、早速ユダに金をやることにしました。ユダの決心が鈍らないうちにです。ユダは、彼らの決意がどういうものであるかを知らぬのに、金をもらうことを「承諾」（22・6）しました。この時、イエス様が殺されるということは決まったのです。でも、その時、祭司長らとユダとの間には齟齬《そご》がありましたし、彼らが当初思っていたこととは違う方向にことは進み始めたのです。

ユダは、主イエスを祭司長らに「引き渡そう」（22・4）としていただけです。しかし、原文では「引き渡す」と「裏切る」は同じパラディドーミという言葉です。ユダヤ人にだけでなく異邦人を含む人々によってイエス様は十字架につけられ、死んで葬られ、すべての人の思いを越えて三日目に復活し給うのです。そしてイエス様は、いやイエス様だけがエルサレムの過越祭（パスカ。「救い」の意）で行われる「救い」がどんなものであるかを分かっていたのです。他の誰もそんなことは考えていませんでした。

過越の食事

ついに、「過越の食事」（パスカ）をする日が来ました。ここに「過越の小羊を屠るべき除酵祭の日が来た」（22・7）とあります。ここに出てくる小羊を「屠る」という言い方は、ただ単に殺すのではなく犠牲として捧げるために殺すことを意味します。

そして「べき」（デイ）と書いてあるのは、神が定めた義務を表しているでしょう。ユダの決心と祭司長らの決意が重なってからほどなくして、イエス様が熱望していたことが実現する日、つまり、イエス様が犠牲の小羊となって、すべての人の罪の赦しのために死ぬ日が来るのです。弟子たちは誰もそのことを知りません。しかし、神様とその子である主イエスだけが知っているのです。

イエス様は、エルサレムに入る直前に弟子のペトロとヤコブを遣わして、まだ誰も乗ったことがない子ろばを引いてこさせたと記されています。その時も、イエス様がすべての出来事を導かれます。ペトロとヨハネも自分たちのやることの意味を何も知りませんでした。もちろん、自分たちがイエス様との過越の食事の準備をすることは分かってはいましたけれど、その食事の意味がどういうものであるかは分かってはいませんでした。当然のことです。

そこでイエス様は、「弟子たちと一緒に」（22・11）と言います。しかし、厳密に言えば「わたしの弟子たちと一緒に」と言っているのです。できの悪い弟子たちです。数時間後には結果としては裏切ってしまう彼らを、イエス様は「わたしの弟子」と言い、一緒に食事することを切望する。次回ご一緒に読む16節にあるように、「言っておくが、神の国で過越が成し遂げられるまで、わたしは決してこの過越の食事をとることはない」のです。

そこに彼らの主導性はありません。彼らは、主イエスに言われた通りにやっただけです。自分たちがしていることの本当の意味など知る由もありません。でも、彼らは主イエスの弟子であり、主イエスは彼らとの過越の食事を最後の晩餐、人間にとって、なくてはならぬ罪の赦しの食卓、新しい契約の食事、教会の中心にある食事となさった。それが父なる神のご決意であることを、主イエスだけはご存じだったからです。そのご決意は、人間の決心や決意、あるいは無関心などを越えています。

人間の思いを越えて

十字架の死と復活の命への道は孤独なものです。誰も、主イエスが今、その道を歩いているなどと知らないでしょう。人は、それぞれの思いで動いているだけです。

祭司長や律法学者、神殿守衛長はイエスを殺そうと思っている。主イエスは自分たちが永遠なものとして拠って立っている所を、すべて過ぎ去るものとするからです。でも過越祭の間は民衆が騒ぐといけないから、人目につかない形で暗殺したいと願っている。

ユダは、かねてから主イエスの言葉や業にはついていけないものを感じていたのでしょう。特に神の国、主イエスによる全世界の支配に関しては、彼の思考を完全に越えていたのです。よく分かります。だから彼は、主イエスにしばらく黙っていただこうと思った。でも、主イエスはエルサレムに着いた途端、祭司長らから許可を取って働いていた神殿の商売人や両替商を追い出すし、民衆が神殿の境内に集まればますます喋るし、ユダにはどうにもならなくなり、ついに彼は祭司長たちに主イエスを引き渡す相談をするのです。それが彼らを喜ばせ、彼の決心は彼らの決意と同じものになりました。そしてユダの裏切りによって主イエスは祭司長らに引き渡され、祭司長らの暗殺という思惑を越えて、異邦人ピラトの判決によって政治犯として公然と十字架刑で殺されることになるのです。

ピラトは、主イエスに死刑の原因を見つけることができず釈放したかったのですけれど、ユダヤ人の歓心を買うためにしぶしぶ死刑の宣告をしたのです。誰も自分の思い通りになどなっていません。

二人の弟子も、自分のやっていることが分かっていないという意味では彼らと同じです。彼らは、主イエスに言われた通りのことをしているだけです。でもそれがパスカ、過越祭や過越の食事、最後の晩餐、新しい契約、そして教会が世の終わりまで守る聖餐式の準備になるのです。そんなことは、弟子たちには皆目分からないことです。でも、そういうことになっている。彼らは意図しない形で、救いの準備に必要なことをしているのです。主イエスはこの時も彼らを「わたしの弟子たち」と呼び、彼らと一緒にいてくださるのです。そして、彼らの救いのために前進してくださる。そう、十字架の死と復活に向けて前進してくださるのです。

その道にしか、私たちの救いはないからです。主イエスは私たち人間が赦されるために十字架に架かってくださったのです。神の裁きを受けてくださった。御自分の体、血を弟子たちに与えたのです。そして代わりに裁かれたのです。弟子たちもユダも祭司長らも、自分たちがやっていることの意味を知りませんでした。でも、そうなのです。一見、サタンの計画が進んでいるようでありつつ神のご計画のみが進むのです。時は神が支配し、神は私たちの救いを願っておられるからです。

28 イエス様の家族として（22・14―23）

苦しみを受ける前に

ここで、イエス様の「弟子たち」がいきなり「使徒たち」（22・14）となっています。使徒とは「遣わされた者」という意味で、後に聖霊によって誕生したキリスト教会の中で、イエス様の十二弟子と呼ばれていた者が十二使徒と呼ばれるようになり、全世界の民に福音を伝えていくのです。

「過越の食事」（22・15）は、ヘブライ人が奴隷であったエジプトを脱出して、神の民イスラエルが誕生したことを記念する救いの食事です。その食事をイエス様は使徒たちと守りながら、イエス様の十字架の死による新しい契約の食事にしようとしているのです。

「苦しみを受ける前に」（22・15）、イエス様は使徒たちとこの食事を共にしたいと切に願われました。この「苦しみ」はパスカ（過越の食事）に似たパスコーという言葉で、イエス様の言葉の中では、十字架の死を暗示する場面によく出てきます。最初の受難予言（9・22）や復活のイエス様の言葉（24・46）も、イエス様は苦しみを受けつつ、十字架で殺され、三日目に復活することを指していることは言うまでもありません。すべては使徒たち、つまり私たちの救いのためなのです。

イエス様は繰り返し「感謝の祈りを唱え」（22・17、19）ます。ここでイエス様は、杯を「取り上げ」（22・17）とあります。これはむしろ「受け取る」（デコマイ）を表す言葉です。イエス様は、神様が与えたご自分の定めをここで受け取っておられるのです。使徒たちは、最初は何も知りませんでした。彼らがこの食事を特別な食事として守るようになったのは、この時にイエス様から頂いた杯は、自分たちの罪のために十字架で流されるイエス様の血であり、イスラエルの家を過ぎ越すために犠牲となる小羊の血であることが分かったからです。それが完全な形で起こるのは、イエス様の再臨によって神の国で過越が成し遂げられ、神の国が来る時のことです。それは、世の終わりの出来事です。

教会の聖餐式は、この終末に完成する神の国を証しし、神の支配が肉眼には見えない形で確かにこの地上に来ていることを証しし、神の国に生きるようにとすべての人々を招くものなのです。

私たちは忘れやすい者です。だから、そういう私たちに、神の言葉と神の愛の徴であるパンとぶどう酒を伴う礼拝が与えられているのです。教会は、世の終わりまでこの礼拝を捧げます。この礼拝の中で、私たちは生きているのです。なんと幸いなことかと思います。

「わたしの血による新しい契約」と20節にあります。「新しい契約」があるならば「旧い契約」もあるはずです。それは、出エジプト記に書かれている過越の食事(出エジプト記12・1―13)の続きに出てきます。過越の食事の後、イスラエルはエジプトを脱出し、十戒と契約の書を与えられました。その後、モーセは民の前で十戒と契約の書を読みました(同24・1―3)。そこで民は「わたしたちは、主が語られた言葉をすべて行います」(同24・3)と誓います。その上で、モーセはイスラエル十二部族を表す十二の祭壇を建てて、その祭壇に犠牲の雄牛の血を捧げ、契約の書をもう一度民に読み聞かせます。すると、民が「わたしたちは主が語られたことをすべて行い、守ります」(同24・7)と繰り返します。そこでモーセは、血を取り、民に振りかけて「見よ、これは主がこれらの言葉に基づいてあなたたちと結ばれた契約の血である」(同24・8)と言ったのです。

その契約締結の式を見届けてから、モーセは兄のアロンやイスラエルの長老七十人たちとシナイ山に登り、そこで「神を見て」食事をします(同24・11)。もちろん、神の姿形などは書かれません。神の臨在のもと、新しい民が誕生したことを表す食事です。

イエス様の苦しみ

イエス様は、ご自身が苦しむこと(パスコー)を、受難予言の中で語ります。「人の子は必ず多くの苦しみを受け、長老、祭司長、律法学者たちから排斥されて殺され、三日目に復活することになっている」（9・22）というようにです。この「苦しみ」は、イエス様の十字架刑の死を意味するものです。そこで裂かれる体や流される血はすべて罪の赦しのために流される犠牲の体と血なのです。イエス様は単に死んだのではなく、神の裁きを受けて十字架の上で死んだのです。

その時、イエス様が祈った祈りは「父よ、彼らをお赦しください。自分が何をしているのか知らないのです」（23・34）というものでした。私たちは自分が知らぬ間に、命の源なる神から離れてしまう罪を犯しています。その罪を赦してほしい。その罪が私たちと神様を引き離してしまうからです。イエス様は、ユダヤ人だけでなくすべての人間が陥る罪の赦しのために、十字架の上で死んで犠牲となってくださいました。その体を裂き、血を流してくださったのです。そのようにして、私たちを新しい民イスラエルとして生きるために、御言葉と聖餐の食卓を中心とした民とする契約を神と結んでくださったのです。だから、私たちキリスト者がこの食卓を囲む時、いつもイエス様の血によって結ばれた契約、決して破られることのない契約の中に入れられていることを確認するのです。

「しかし、見よ、わたしを裏切る者が、わたしと一緒に手を食卓に置いている」（22・21）とイエス様は言われます。新しい民が誕生する食卓、新しい契約の食卓にイエス様を「裏切る者」がいるのです。イエス様の犠牲によって新しく誕生する民とは、これからイエス様を裏切るユダや、小麦のようにふるいにかけられるペトロをはじめとした使徒たちなのです。イエス様の体は彼らのために裂かれ、その血も彼らのために流されるのです。それは自分の罪を知って悔い改めた者のためではなく、自分が何をしているのか知らない者のためです。自分がしていることが分からない彼らが受けるべき裁きを受けて死ぬことが、イエス様の苦しみであり、イエス様に対して神が定められたとおりのことであり、イエス様はそのとおりに歩んでいくのです。イエス様が主導する罪人たちの救いの道は、ご自身にとっては滅びの道だったのです。そして、イエス様はその最初からすべてをご存じでした。

ユダはイエス様のことを裏切る道を自ら選んだのです。だから彼は「不幸」（ウーアイ）なのです。私たちは、何でもかんでも神様のせいにはできません。イエス様だって、いくらでも神様が定めた道に背くことはできたのです。イエス様に与えられた道は、これまでもずっと苦しみに満ちたものでした。これからもそうです。イエス様は、「苦しみもだえ、いよいよ切に祈られ」（22・44）つつ、その道を歩んで行かれたのです。

しかし、ユダもペトロも結局自分の思いを優先しました。ユダは、マタイ福音書によれば、イエス様に対する有罪判決を知って後悔したのですが、時既に遅く、首を吊って自殺してしまいました（マタイ27・3—10）。そして、ペトロはイエス様のことを「わたしはあの人を知らない」（22・57）と言って逃げてしまったのです。

イエス様の家族として

しかし、イエス様はそういう者たちのために苦しまれたのだし、その苦しみの前に、新しい契約のための食事を彼らと一緒にしたいと切に願われたのです。そういう者たちをご自身の家族にするためです。イエス様を裏切り、結果として死刑の手助けをすることになるユダや、ご自身を否認することになるペトロを含む使徒たちを、イエス様はご自身の家族とされたのです。私たちも、自己中心の思いの奴隷です。にもかかわらず、イエス様は私たちを愛し、命を捧げてくださるのです。その愛を信じ、洗礼を受ける時、私たちはイエス様の家族の一員です。私たちの中心には聖餐の食卓があり、そこでイエス様の命というべきパンとぶどう酒を頂いているからです。

私たちの中にも裏切る者、「あの人のことは知らない」と言う者、色々いるでしょう。私たちは何も立派な人間ではありません。でも、イエス様はそういう私たちのために苦しんでくださった。体を裂いてくださった。血を流してくださった。そのことによって、私たちを新しい主の民イスラエルとする新しい契約を結んでくださったのです。その事実に変わりはありません。私たちは今や使徒です。何よりも強い神様の愛を証しすべく立てられているのです。御言葉と聖餐の礼拝は、今もそのことを伝えています。

29　イエス様は祈ってくださる（22・24―34）

人間の二面性

イエス様は、25節で使徒たちをいきなり「異邦人」にたとえます。異邦人とはつまりこの世の人のことです。イエス様との食卓を共にしていない、契約とは何の関係もない人のことです。使徒たちは、イエス様と食事をしてはいるのです。でも、その使徒たちも偉い人になりたいし、上に立ちたいし、食事の席について給仕をしてもらいたいのです。その点で、この世の人と全く変わりはありません。

しかし、イエス様は杯やパンをご自身の血や体として、つまりご自身の命として使徒たちに与えました。神の国たる新しい共同体、教会を建てる契約の最初の受け取り手が、使徒たちなのです。しかし、その使徒たちが、気が付くと契約とは無関係の異邦人、この世の人になってしまう。そういう所に人間の二面性が表れます。

イエス様は、当初からさまざまな試練に遭いました。イエス様は、褒められ、感嘆もされましたけれど、その最初から殺されそうにもなったのです（4・22―30）。そして、彼ら弟子たちを選んだのはイエス様であり、弟子たちは尽きることのない魅力を持つイエス様に従いながら、イエス様の言葉と業を見ていました。

しかし、イエス様は弟子を選ぶ前に、悪魔の誘惑を受けられました（4・1―13）。誘惑も試練も同じペイラスモスという言葉です。イエス様は、悪魔からの誘惑に御言葉によって打ち勝ち、その後に宣教を開始されたのです。

後に「主の祈り」と呼ばれることになる弟子たちに教えてくださった祈りに、「わたしたちを誘惑に遭わせないでください」（11・4）とありますし、オリーブ山における祈りにおいても、イエス様から「誘惑に陥らないように（起きて）祈りなさい」（22・40、46）と二度も言われるのです。つまり、彼らはイエス様によって「誘惑に陥らないように」と祈られなければならない人なのです。

ここで私たちが覚えておかねばならないこと、それはイエス様が彼らを選び、彼らがイエス様の言葉と業を間近に見聞きし、イエス様に祈られ、後に教会の使徒になって、イエス様の言葉と業、新しい契約の食事、十字架の死と復活、そして自分たちの裏切りの事実を伝えたことです。その意味で、彼らは私たちの教会が拠って立つ使徒なのです。

あなたがたにゆだねる

27節から30節までに、「あなたがた」が実に四回も出てきます。新しい契約に与ったのは、そしてイエス様を裏切ったのは、イスカリオテのユダやペトロだけではありません。使徒たち全員なのです。そして、29節に二度出てくる「ゆだねる」は、ディアティセーミという言葉です。その名詞形はディアテーケーで、20節に出てくる『契約』という言葉です。自分がやっていることの意味も分からぬまま神を抹殺してしまう私たち人間の罪の赦しを祈りつつ、イエス様は十字架に磔になって死に、墓に葬られることで、神を抹殺してしまう罪に対する罰を受け、私たちの罪を赦すのです。そして、イエス様はそのように生き、死に、葬られた後に復活させられたのです。そのことを信じる人は、罪が赦され、イエス様の復活の命に与って生きます。これが、イエス様が語られた新しい契約です。そして使徒たちは聖霊降臨を通して、イエス様の十字架の死と復活は、自分の罪を赦し、私たちを神の国に生かすためのものであることを知ったのです。

イエス様は、「あなたがたは、わたしの国でわたしの食事の席に着いて飲み食いを共にし」（22・30）と言われます。この「国」と29節に出てくる「支配権」は同じバシレイアという言葉です。ですから、イエス様が使徒たちと一緒にした食事は単なる食事ではなく、新しい契約を結んだ記念の食事なのです。

既に述べたとおり、新しい契約の前に旧い契約があります。出エジプト記24章において、十戒と契約の書を内容とした契約がイスラエルと神様の間に結ばれます（出エジプト24・1―8）。そして、食事の場面が続きます。そこにこうあります。「神はイスラエルの民の代表者たちに向かって手を伸ばされなかったので、彼らは神を見て、食べ、また飲んだ」（同24・11）。本来なら、罪人の前に神が現れたら死ぬはずです。だから、この食事は罪の赦しと永遠の命が与えられたことの象徴です。

神は、自分が何をしているかも分からぬままにイエス様を裏切る弟子たちに、命まで与える食事を通して新しい契約を結ぼうとしているのです。聖餐式の中心にはこの愛があります。

「あなたがたは……王座に座ってイスラエルの十二部族を治めることになる」（22・30）は、すべての教会は使徒たちの信仰に基づいて使徒的教会と呼ばれるという意味です。彼らが神の国で人々を治めるわけではありません。それは神の国の秩序ではありません。彼らに示されたのは罪を赦す愛です。位がどうであれ、私たち人間は罪人だし、人の罪を赦すことは難しいのです。それができるのは、十字架で死に、神によって復活させられたイエス様だけです。それが神の国の秩序であり、神の愛なのです。聖餐と説教は、そのことを証しするものです。

ペトロの愛、イエス様の愛

ペトロもユダも他の者たちもエルサレムに入って、「これからが本番だ」と張り切っていたでしょう。その時にサタンに誘惑されたのです。神は、そういう人間に、信仰は人間のものではないことを教えるためにサタンを使うことがあると思います。「ふるいにかける」(22・31)とは、その信仰の真《しん》贋《がん》を見分ける方法だと思います。

ペトロは自分の信仰はまともであり強いと思っていますから、「主よ、御一緒になら、牢に入っても死んでもよいと覚悟しております」(22・33)と豪語します。しかし、ほどなく「わたしはあの人を知らない」(22・57)と、鶏が鳴く前に三度も言うことになります。イエス様の予言通りです。その時、岩(ペトロ)のような彼は、自分を裏切ったのです。彼はイエス様を裏切ったのですが、裏切りとは自分を真っ先に裏切るものです。彼の自分への愛、イエス様に対する愛はその程度だったのです。

イエス様は、「しかし、わたしはあなたのために、信仰が無くならないように祈った。だから、あなたは立ち直ったら、兄弟たちを力づけてやりなさい」(22・32)と言われました。岩(ペトロ)のような人でも挫けること、失敗することはいくらでもあります。しかし、イエス様はそういう人を見捨てることなく、祈ってくださるのです。

私たちの教会が使徒的教会と呼ばれることは既に言いました。過越の食事は、ヘブライ人が奴隷であったエジプトを脱出して、神の民イスラエルが誕生したことを記念する救いの食事です。イエス様は使徒たちとその食事を守りながら、十字架の死と復活による新しい契約の食事にしようとしているのです。

信仰は神様の賜物です。最後に勝つのは神です。十字架と復活のキリストを通して、神の国の基礎を据えた神なのです。私たちは誰でも、自分でやっていることを知らない罪人です。失敗したことを認め、その失敗から学び、悔い改めて立ち直るか否か。そのことが問われるのです。そこにイエス様の愛にすがり、イエス様によって罪赦され、新しい契約に与って福音を生きるか否かがかかっています。イエス様はペトロのために祈ってくださいました。今も私たちのために祈ってくださるのです。私たちが生きているのでなく、私たちは生かされているのです。ご自身の十字架の死と復活を通して、神と人との間に「平和がある（ように）」（24・36）と言われた復活のキリストとの出会いを通して、私たちを通して、神の国は証しされていくのです。

30　起きて祈る者として（22・35—46）

ガリラヤとエルサレム

かつてイエス様は、神の国到米という福音を伝えるために、七十二人の弟子たちを何も持たせずに派遣しました（10・1—12）。しかし今度は使徒たちに対して、「しかし今は、財布のある者は、それを持って行きなさい。袋も同じようにしなさい。剣のない者は、服を売ってそれを買いなさい」（22・36）とおっしゃったのです。弟子たちは「イエス様は国の最高権力者になり、自分たちも人々の上に立つ日が近い」と思っている。しかし、イエス様は全く違うことを考えているのです。「祭司長たちは、このエルサレムで自分の命を狙い、弟子の中に裏切る者が出るし、皆が逃げ去ることになる。そうなる前に、私は『新しい契約』をたて、彼らのために祈らねばならない」。そう考えているのです。

「剣」という言葉が出てきます。服を売ってでも剣を買えと、イエス様はおっしゃっている。エフェソの信徒への手紙の中に「救いを兜としてかぶり、霊の剣、すなわち神の言葉を取りなさい」（エフェソ6・17）とあります。ここでの剣は「神の言葉」です。ルカ福音書でもそういう意味があると思います。教会にとって本当に必要なものは、神の言葉なのです。でも、弟子たちは、「主よ、剣なら、このとおりここに二振りあります」（22・38）と言います。彼らは、剣を文字通りにしか受け取りません。つまり、イエス様の国は剣二振りで建つと思っているのです。

この言葉を聞いて、イエス様は「それでよい」（22・38）とおっしゃいました。この言葉の一つの意味は、ここはガリラヤではなく、権力者たちがいるエルサレムだ。私は彼らに迫害され、民衆の「十字架につけろ」との絶叫を聞くことになる、というものでしょう。そしてもう一つは、「あなたたの考えはよく分かった。この話はここまでにしよう」というイエス様の絶望の思いのような気がします。

また、ここには「その人は犯罪人の一人に数えられた」（22・37）とあります。当時のユダヤ人社会の中では、律法を持たないことは犯罪者であり、神の御心を知らぬ罪人となります。犯罪＝罪ではありませんが、イエス様が犯罪を含めた人間の罪をすべてその身に背負い、それに対する罰を受けることが、神様の定めたことだったのです。イエス様はその定めを感じ取っていました。しかし、自分が罪人だと思っていない弟子たちは、イエス様が言っていることが何も分かりませんでした。

オリーブ山

そういう中で、イエス様は「そこを出て、いつものようにオリーブ山に行かれ」（22・39）ました。そのイエス様の後に「弟子たちも従った」（同）のです。そこでイエス様は「誘惑に陥らないように祈りなさい」（22・40）と弟子たちに言われました。

ここでの問題は罪の赦しです。他者が神に対して犯した罪を赦すことができるのか。自分に与えた罪を赦すことができるのか。そのことに誘惑、あるいは試練の内容があるのです。

イエス様は「ひざまずいてこう祈られた」（22・41）。

「父よ、御心なら、この杯をわたしから取りのけてください。しかし、わたしの願いではなく、御心のままに行ってください。」（22・42）

「あなたが十字架の死を取りのけてくださるなら、そうしてください。でも、わたしの願いではなく、あなたの願いのままに行ってください」。イエス様は、祈りのなかでそうおっしゃっているのです。人の歓心を買った方が良いとの誘惑はイエス様が洗礼を受ける時から分かっていたし、受洗後に悪魔から誘惑を受けた時にも、イエス様は誘惑や試練の内容を分かっていたのです。

でも、イエス様にとって神に背く犯罪者の一人に数えられることは耐えがたいことでした。神と一体の歩みをしておられる方が、神に逆らう罪人と同列になる。そんな酷いことはありません。神が支えてくださらなければ、耐えられない「苦しみもだえ」(22・44)があると思います。

イエス様の「苦しみもだえ」はアゴーニアという言葉で、新約聖書ではここにしか出てきません。イエス様の苦しみは、イエス様だけのものだと言いたいのかもしれません。また「汗が血の滴るように地面に落ちた」(22・44)という苦しみは、神様から送られた「天使」に「力づけ」(22・43)られなければ耐えることはできなかったと思うのです。

立ち上がるイエス様

その祈りの後、イエス様は「立ち上がり」(22・45)ました。これはアニステーミという言葉で、「彼らは人の子を、鞭打ってから殺す。そして、人の子は三日目に復活する(アニステーミ)」(18・33)とあるように、「復活」の意味でも使われます。この「立ち上がり」は、人の子が新しい人になったという意味だと思います。

イエス様は神に支えられながら、祈りに祈ったのです。そして、神の御心、その意思は変わらないと分かった。自分は、罪人の罪が赦されるために罪人の罪を背負って十字架に磔になって死ななければならない。罪に対する神の罰を一身に受けなければならない。そのことが分かり、受け入れた時、イエス様は新しい人として立ち上がったのです。それが祈りの中で起こったことでしょう。

祈り終わった後、イエス様が発見したものは弟子たちの眠りこけた姿です。ルカは、彼らは「悲しみの果てに眠り込んでいた」(22・45) としています。そうかもしれません。彼らも、イエス様が自分たちと別れることを言っていることは分かってきたし、自分たちは結局、イエス様の言葉を分からなかったと思ったでしょう。そして、もう時刻は遅いのです。相当に疲れていたに違いありません。そして、彼らはサタンに誘惑されたのです。彼らはイエス様から「誘惑に陥らないように」(22・40) と言われていたのですが、眠りこけたのです。

しかし、イエス様はここで厳しい戒告の言葉ではなく、「なぜ眠っているのか。誘惑に陥らぬよう、起きて祈っていなさい」(22・46) と言われました。この「眠っている」(カセウドー) は、先の「悲しみの果てに眠り込んでいた」(22・45、コイマオマイ) とは違う言葉が使われています。イエス様が「なぜ眠っているのか」と言うのは、暗闇の中にいる者は起きていたにしろ寝ていたにしろ、死んでいるという意味だと思います。

エフェソの信徒への手紙にこういう言葉があります。

「眠りについている者、起きよ。
死者の中から立ち上がれ。
そうすれば、キリストはあなたを照らされる。」（エフェソ5・14）

イエス様はここで「誘惑に陥らぬよう、起きて祈っていなさい」（22・46）と言われましたが、この「起きる」という言葉も復活と同じアニステーミです。この世がある限り、誘惑はあります。神のいる所に悪魔もおり、光は闇があるからこそ光なのです。この世に、光だけがあり悪魔の誘惑がないユートピアなんてありません。

私たちは今や、イエス・キリストの十字架の死と復活が自分のための贖いだったとする信仰によって、光を証しする「光の子」（エフェソ5・8）です。

イエス様は、しっかり目を覚まして、私たちを神様と隔ててしまう罪こそ、私たちの最大の敵であることに気づいてほしいのです。その罪の赦しのために、イエス様がキリストとして、救い主としてこの地上に来られたことに気づいてほしいのです。そのためにイエス様は十字架に磔にされて死に、神様によって三日目に復活し、イエス様を残して逃げ去った弟子たちの真ん中に立ち、彼らの罪を赦し、神の国をもたらしてくださったのです。そして、今日も私たちを神の国に生きるようにと招いてくださっているのです。その招きに応える時、私たちはイエス様を主とし、キリストと信じるキリスト者として、新しい人にされているのです。これが福音の根幹です。私たちキリスト者の命は肉体の命が終わっても終わらない。イエス・キリストの十字架と死、そして復活、昇天と聖霊降臨は、そういうキリスト者の命を造り出してくださったのです。私たちは受洗した時から、その命を生きているのです。いつも誘惑に陥らないで、起きて祈る者でありたいと思います。

31　光に向かって歩む（22・47―53）

接吻　恐れ

「イエスがまだ話しておられると」（22・47）とあります。舞台はオリーブ山の麓です。そこでイエス様が弟子たちに「誘惑に陥らぬよう、起きて祈っていなさい」（22・46）と言われたのです。その時、弟子の一人であったユダが、親しい者同士の挨拶の時にする接吻をしようとして、イエス様に近づきました。これから捕まえるのが誰であるかを一緒に来た群衆に知らせるためでもありますし、相手を油断させるためでもあります。

当たり前のことですが、誘惑者は怖い顔や姿をしていません。皆、親し気にふるまうものです。聖書には「驚くには当たりません。サタンでさえ光の天使を装うのです」（Ⅱコリント11・14）というパウロの言葉があります。そういう人の誘惑に陥ったことがない人は少ないでしょう。私たち自身が誘惑者になってしまうことだってあります。それもサタンの仕業です。

ユダは、イエス様がローマ帝国に対する反逆者に与えられる十字架刑で殺されるとは思っていなかったと思います。ここで「裏切る」(22・48) と訳されたパラディドーミという言葉は、「引き渡す」という意味でもあります。ユダとしては、イエス様をしばらくの間、牢獄に留置しておきたかったのかもしれません。マタイ福音書によれば、ユダはこの直後に後悔して祭司長たちの所に帰って行き、受け取った金を返そうとしたのです。けれども、時は既に遅いことを知り、自ら命を絶ってしまいました (マタイ27・3―10)。彼はさまざまなことを恐れ、イエス様のおっしゃる如く、まさに「不幸」(22・22) な死に方をしてしまったのだと思います。

ユダはユダなりにイエス様を愛していたのです。でも、彼はイエス様の弟子である自分をもっと愛していたでしょう。イエス様の危険は弟子である彼の危険でもあります。その危険を察知して、ユダは祭司長たちの所に行き、イエス様を引き渡すことを相談した上で、オリーブ山の祈りの場所に来たのです。彼を支配していたのは恐れです。このままだとイエス様の弟子である自分もただでは済まされない。そう思ったのでしょう。彼はペトロたちと同様にイエス様に出会って選ばれたのに、サタンの誘惑によって生じた恐れが彼を支配し、最後までイエス様に従っていくことができなかったのです。他の弟子たちも同じです。彼らもイエス様が言われた言葉の真の意味は分かっていませんでした。

イエス様は、彼らにこう言われました。

「言っておくが、『その人は犯罪人の一人に数えられた』と書かれていることは、わたしの身に必ず実現する。わたしにかかわることは実現するからである。」(22・37)

その時、イエス様のおっしゃっていることの意味が分かった弟子はいませんでした。弟子たちの無理解は、彼らの行動を見れば分かります。イエス様が捕まる時、弟子のある者が大祭司の手下の耳を、剣で切り落としたのです。それはイエス様を守るためのように見えます。でも、実際には自分を守るためでしょう。

「やめなさい。もうそれでよい」(22・51)と、イエス様は言われたことになっています。でも、この言葉を、ご自分を捕らえに来た人たちへの言葉と解すれば「この件は許せ」ともなります。この後、イエス様は「その耳に触れていやされた」(同)とありますから、イエス様は弟子の行動を肯定されていないことは確かでしょう。イエス様は、剣で自分の体を守ったり、神の国を建設したり守ったりすることには反対なのです。そして弟子たちの行動の中に、イエス様のことを命がけで守ろうとする意図を見つつも、実際には自分自身を守ろうとしており、彼らも恐れに支配されていることをご存じだったと思います。恐れからくる行動がなんであれ、イエス様は評価されないと思います。

民衆に対する恐れ

恐れに支配されているのは、ユダと弟子たちだけでなく、イエス様を捕らえに来た群衆や、彼らを引きつれてきた「祭司長、神殿守衛長、長老たち」(22・52)も同じです。彼らは、「まるで強盗にでも向かうように、剣や棒を持ってやって来たのか」(同)と、イエス様から言われてしまうのです。彼らもまた、自分の地位を失うことを恐れていたのです。

イエス様は「だが、今はあなたたちの時で、闇が力を振るっている」(22・53)と続けられました。原文は「暗闇のエクスーシア」と言い切っています。エクスーシアは「権力」とか政治的な力としての「支配」と訳されたりもします。だから、この世が続く限り、この世の支配者は彼らだと言っているのです。でも、実はその中で、神のご計画は進んでいる。イエス様は、その現実を見ているのです。それゆえに、イエス様だけが人を「恐れ」てはおらず、神に向かってこう祈られたのです。

「父よ、御心なら、この杯をわたしから取りのけてください。しかし、わたしの願いではなく、御心のままに行ってください。」(22・42)

これは天使に力づけられねばならない祈りです。自分を死刑にする者たちの罪が赦されるために、代わりにその者たちの罪を背負って神の裁きを受けるということです。この祈りを通して、イエス様は、暗闇に打ち勝つ光の道に歩み出されたのです。弟子たちは、暗闇の中に輝く光を見なければなりません。

主の死
聖餐式の時に読まれる御言葉は、こうです（『日本基督教団　口語式文』による）。

このパンを食し、この杯を飲むごとに、それによって、主がこられる時に至るまで、主の死を告げ知らせるのである。（Ｉコリント11・26、口語訳）

「主の死」とは天寿を全うした幸せな死ではありませんし、事故死でも病死でもありません。イエス様の死は十字架の死です。その死は私たちの罪を贖う死なのです。すべての人の罪が赦されるための死なのです。その死によって、罪の結果である死が滅ぼされ、私たちは復活の命に今から生かされる。そして、終わりの日に朽ちない体に復活させられるのです（ローマ5・15―21、Ⅰコリント15・42―49）。

私たちキリスト者はどこに属しているのでしょう。私たちは洗礼を受けてキリスト者になったのです。パウロがローマの信徒への手紙に書いた言葉を要約しつつ使えば、「キリスト・イエスに結ばれるために洗礼を受けたわたしたち」は、皆「キリストと共に葬られ、その死にあずかるもの」となったのです。それは「キリストが御父の栄光によって死者の中から復活させられたように、わたしたちも新しい命に生きるためなのです」（ローマ6・3―4）。洗礼と新しい命は、キリストの死と復活と同じくつながっています。

『ハイデルベルク信仰問答』の第一問は「生きるにも死ぬにも、あなたのただ一つの慰めは何ですか」です。その答えは「わたしがわたし自身のものではなく、体も魂も、生きるにも死ぬにも、わたしの真実な救い主イエス・キリストのものである」というものです。キリスト者は主語が変わるのです。私たちは自分のために生きるのではなく、私たちのために十字架で死に、復活させられた主のために生きるのです。

それと同じことを、パウロはこう言っています。

御父は、わたしたちを闇の力から救い出して、その愛する御子の支配下に移してくださいました。わたしたちは、この御子によって、贖い、すなわち罪の赦しを得ているのです。

（コロサイ1・13―14）

闇は延々と続いています。しかし、私たちキリスト者は、神の御子イエス・キリストの十字架の死を信じる信仰によって贖い、すなわち罪の赦しに与った者なのです。私たちは今や闇の力ではなく、光なるキリストの力に服しています。そして世の終わりには、神がイエス・キリストを通して神の国を完成し、私たちに朽ちることのない復活の体を与えてくださいます。私たちは真っ暗な闇ではなく、決して消えることのない光に向かって歩んでいるのです。私たちは光なる神に向かって生きる者とされている。そのことを忘れないで生きていきたいと思います。

32 イエス様のまなざしに照らされて（22・54—71）

光

ペトロは、捕まったイエス様とその一行のあとから「遠く離れて従い」（22・54）ました。そして、カイアファの官邸の中庭に焚かれた「たき火」の周りにいた人々の「中に混じって腰を下ろし」（22・55）たのです。「たき火」は「光」とも訳されるフォースという言葉に定冠詞がついています。ペトロの顔は、その光に照らされたのです。

光に照らされて初めて見える自分の姿があると思います。ペトロもそうでした。庭にいた女中は、ペトロをじっと見つめて「この人も一緒にいました」（22・56）と言ったのです。

ペトロはイエス様と出会った時、初めて自分が罪深い者であることが分かり、イエス様の前でひれ伏しました（5・8）。彼は、イエス様の前で初めて自分の罪を知り、この方以外には、自分の罪を赦してくださる方はいないと瞬間的に知ったのだと思います。この時、彼は初めてイエス様の光に照らされたのです。イエス様はそういうペトロを見て、「恐れることはない。今から後、あなたは人間をとる漁師になる」（5・10）と言われました。しかし、この言葉が実現するのは、数年先のことです。そういうことは、しばしばあります。

弟子としての召命から数年後、人間をとる漁師にされたペトロは、かつてイエス様のことを「わたしはあの人を知らない」（22・57）と言って逃げてしまったことも必ず語りました。それは、本当につらかったと思います。彼が話さねばならなかったことは、単なる失敗談ではありません。人には決して知られたくはない自分の罪のことです。その罪を話さなければならなかったのです。しかし、そうであるからこそ、彼は何度も自分で語ったのです。このことを抜きに、すべての人間の罪を赦すイエス様の十字架と復活に現れる神の愛を語ることなど、ペトロにはできないからです。

罪は結局、愛の裏切りに行き着くものだと思います。だから自分をも裏切り、窮地に追い込むものです。ペトロは元来、イエス様に愛された弟子です。いつの日か、人間をとる漁師になるように愛されたのです。しかし彼は、他の弟子たち同様にサタンにふるいにかけられて、籾殻《もみがら》のように吹き飛ばされてしまいました。彼はイエス様からの愛を裏切り、自分自身の信仰を裏切ってしまったのです。

その時です。鶏が鳴き、イエス様がペトロの方を振り向いて見つめました（22・61）。家の中にいる（22・54）はずのイエス様がペトロの方を振り向いて見つめることはあり得ないことです。だから、これは起こったことの本質を表す言葉だと思います。この少し前に、ペトロは「主よ、御一緒になら、牢に入っても死んでもよいと覚悟しております」（22・33）と言いました。そのペトロに対して「ペトロ、言っておくが、あなたは今日、鶏が鳴くまでに、三度わたしを知らないと言うだろう」（22・34）とイエス様はおっしゃいました。その言葉がこの時実現し、イエス様が放つ光がペトロを照らし、彼は自分の罪に出会ったのです。

私たちは、ペトロと同じく罪にまみれた人間です。具体的に彼と同じ経験をしてはいなくとも、イエス様を「知らない、関係ない」としながら生きている者です。イエス様は、そういう私たちの罪に対する神の裁きを、十字架に磔にされることで受けてくださったのです。そのことを知る時、「この方こそ救い主である」という信仰を与えられるのです。

あなたたちが言っていること

捕まる時、イエス様は「今はあなたたちの時で、闇が力を振るっている」（22・53）とおっしゃいました。「メシア」「人の子」「神の子」（22・67、69、70）は、この世においては王であることを表しています。だからイエス様は、「それは『あなたがた』が言っていることです。私はもはやそのことに関して何も言いません」と、おっしゃるのです。

イエス様は、神様のご計画通り十字架の死に向かっておられるのです。しかし、そのご計画は、人々には全く分かりません。最高法院のメンバーである「民の長老会、祭司長たちや律法学者たち」（22・66）は、イエス様に「お前がメシアなら、そうだと言うがよい」（22・67）と言いました。ヘブライ語の「メシア」はギリシア語では「キリスト」です。神様の特別な任務を果たすために選び立てられた者のことです。ユダヤがローマ帝国に支配されていた時代で言えば、「我こそはメシアなり」と宣言し、多くの不満分子を集め、ローマ帝国に反乱を企てる人物がローマ帝国にとっては一番厄介であり、反乱はユダヤの総督が最も警戒していたことなのです。だから「お前がメシアなら、そうだと言うがよい」（22・67）という言葉は、イエス様をローマに対する反逆者として訴える言葉です。これまでのイエス様の言葉は、最高法院のメンバーが作り上げてきた秩序を根底から覆すようなものでした。だから、自分の立場を守るために、外国人（ローマ）の手を使ってイエス様を排斥しようとしたのです。

次に「人の子」ですけれど、ここでは「今から後、人の子は全能の神の右に座る」（22・69）と、おっしゃっています。それは十字架の死と復活の後、昇天してからのことです。そこで全能の神から全権を託される。だから「人の子」とは、天で全能の神に全権を授けられた王であり、その王が世の終わりの時に生ける者と死ねる者を裁き、神の国を実現するために再臨される方なのです。旧約聖書ではダニエル書に『人の子』のような者」(7・13)が出てきます。この「人の子」とは天地、生死を越えた存在です。ルカ福音書では「罪を赦す権威を持っている」(5・24)者として最初に登場します。

そのように神と本質を同じくするイエス様は、「神の子」なのです。父なる神様は、イエス様を通してご自身の意志(御心)を表されるのです。こんな方は、イエス様以外にはいません。

私たちの未来は明るい

飼い葉桶の中で布にくるまって寝かされることから始まったイエス様の地上の人生は、十字架の死で終わります。最低の出発に始まり、最悪の終わり方をするのです。そのことに従順に従ったがゆえに、イエス様の十字架の死が復活と昇天につながり、イエス様が全能の神の右に座り、聖霊において今も生き給い、世の終わりの日に神の国を完成するために再臨することにつながるのです。

そのことを通して、神は私たちの罪を赦す道を開いてくださいました。私たちはかつて、自分のために自分の力で生きていました。でも今は、神の恵みによって罪の赦しを与えられ、神の愛を証しするキリスト者にされました。信仰に生きるとはそういうことです。メシア(キリスト)も人の子も神の子も、罪の赦しと関係し、イエス様が世界を神の国にする王であることを表しているのです。

私たちは、そのことを信じる信仰を与えられました。なぜ私たちなのかは分かりませんし、今はキリスト者でない方も、いつ何時イエス様に出会ってキリスト者になるか分かりません。しかしはっきりしていることは、私たちはイエス様がキリスト（メシア）であること、人の子であり神の子であることを証しすべく派遣されていることです。信仰に生きる姿そのものが、派遣に応えて生きることなのです。自分に与えられた賜物（才能）をすべて神に捧げて、神に向かって生きることです。

私たちの将来は明るいのです。お先真っ暗ではありません。イエス・キリストが神の国を完成し、私たちは朽ちることのない体に甦らされるからです（Ｉコリント15・42―58など）。最後に世界を完成してくださるのは、イエス・キリストを通して表された神様の愛です。さまざまな困難があっても、私たちはその神の勝利を信じて前進できるのです。さまざまな試練がありますし、私たちはしばしば試練に負けてしまいます。でも、イエス様が振り返ってくださり、再出発させてくださいます。本当に感謝です。

33　新しい契約の民（23・1―12）

すべての人が

今回は後半から読んでみたいと思います。「ヘロデ」（23・7）は、いわゆるヘロデ大王の三人の息子の一人で、ヘロデ・アンティパスという人です。ローマ皇帝はヘロデ大王の死後、ユダヤを三分割し、息子たちには「王」という称号は与えず、それぞれ「統治者」にしました。ヘロデ・アンティパスは北にあるガリラヤとペレア地方の統治者でした。普段はガリラヤにいるのですが、今はユダヤ人にとっては大事な祭りである過越の祭りの期間中なので、エルサレムに来ていたのでしょう。彼は以前からイエス様の噂は聞いており、一度会って奇跡行為者としての証拠を見たいと思っていました。しかし、イエス様は、どんなに乞われても、また愚弄されても、彼の前で奇跡を行わないばかりか、「何もお答えにならず」（23・9）、沈黙し続けました。その様を見て、結局ヘロデはイエス様に「派手な衣を着せてピラトに送り返した」(23・11)のです。そして、「この日、ヘロデとピラトは仲がよくなった。それまでは互いに敵対していたのである」(23・12)とあります。

ヘロデとピラトは民族も違うし、立場も違います。でも、結局、彼らは同じなのだと思います。自分が持っている地位や権力、そういうものから一歩も出るつもりなどないのです。自分が少しも変わる気などないままに、イエス様に会い、求めることだけ求めたところで、イエス様は「何もお答えに」(23・9)なりません。その点は、私たちも自らを省みるべきだと思います。「自分は権力者でないから安心だ」というわけにはいきません。権力者であろうとなかろうと、相変わらず自分がほしいことだけを求め、少しも変わる気などないことは、私たちすべてに共通したことだからです。

「全会衆」(23・1)とあります。つまり、イエス様はさまざまな立場の人がいるユダヤ人から有罪判決を受けました。その人々に、異邦人の総督ピラトやガリラヤの領主ヘロデ(イドマヤ人の血が入っている)などが加わり、ユダヤ人と異邦人のすべての人がイエス様を十字架に磔にしたということです。

王・支配者

ピラトが、イエス様には死刑にするような犯罪を見いだせない(23・4)と言ったのに、全会衆は

「この男は、ガリラヤから始めてこの都に至るまで、ユダヤ全土で教えながら、民衆を扇動しているのです」と言い張りました(23・5)。ここに出てくる「王」(23・2、3)は、原文ではバシレウスという言葉で、「国」「支配」を意味するバシレイアと同系列の言葉です。イエス様は、世の終わりの日に、国境を越えた神の国を完成する王です。イエス様は、十字架の死と復活の命、そして聖霊と教会を通して、神の国の基礎を据えられました。その神の国(神の支配)はこの世の国や支配とは次元が違うものです。しかし、人間にはその違いが分かりません。

全く違うものではなく、似ていながら本質が違うものは困ります。同じ「国」という言葉を使っていても意味が違うことがあります。だからイエス様は、「それは『あなたが』が言っていることです。私はもはやそのことに関して何も言いません。言ってもあなたには分からないし、誤解されるだけだからです」(23・3参照)と、おっしゃるのです。

私たちは自分の弁明のために言葉を使います。しかし、イエス様は自己弁明のために「それは、あなたが言っていることです」(23・3)とおっしゃっているのではありません。イエス様は「人の子は、定められたとおり去って行く」(22・22)と言われましたし、「言っておくが、『その人は犯罪人の一人に数えられた』と書かれていることは、わたしの身に必ず実現する。わたしにかかわることは実現するからである」(22・37)とおっしゃっていました。イエス様は、人から言われたからではなく、神様のご計画通り十字架の死に向かっておられるのです。そのご計画は、人々には全く分かりません。

イエス様の弟子の一人であるユダが祭司長たちの所に行き、彼の導きによりイエス様は捕まりました。そしてイエス様を裁くため、大祭司の家で最高法院を開いているのです。これは、すべて彼らの主導で起こったかのように見えます。しかし、違います。イエス様だけは、ここに神様のご計画が変わることなく進展している徴を見ていました。そして、神様のご計画に従って歩むことを決意しておられたのです。その結果が逮捕であり、最高法院への連行なのです。

最高法院のメンバーは、この後、十字架に磔にされているイエス様に向かって「他人を救ったのだ。もし神からのメシアで、選ばれた者なら、自分を救うがよい」（23・35）と言いました。兵士やイエス様の隣で十字架につけられていた一人の犯罪人も同じです。イエス様の十字架には「これはユダヤ人の王」（23・38）という札が掲げられていました。人々にとって、イエス様はローマ帝国に逆らった死刑にされるべき犯罪者です。彼らにとってイエス様の王国は結局この世の王国と変わりなく、救いもこの世の国に生きるためのものに過ぎないのです。すべては、この世を生きている人間がこの世の枠内で考えるから仕方ないことです。しかし、ことの本質は、目に見える事柄の奥にあります。

メシア

十字架の死で終わったイエス様を見て「すべては夢だった」と思い、故郷のエマオに帰る二人の弟子たちがいました。復活させられたイエス様が彼らを追いかけ、そして出会いました。イエス様は、当初は彼らの言うことを聞いていました。そして、ついにこう言われたのです。

「ああ、物分かりが悪く、心が鈍く預言者たちの言ったことすべてを信じられない者たち、メシアはこういう苦しみを受けて、栄光に入るはずだったのではないか。」そして、モーセとすべての預言者から始めて、聖書全体にわたり、御自分について書かれていることを説明された。(24・25―27)

次に、エルサレムで弟子たち全員に現れて、旧約聖書に記されていることを要約されました。

「メシアは苦しみを受け、三日目に死者の中から復活する。また、罪の赦しを得させる悔い改めが、その名によってあらゆる国の人々に宣べ伝えられる」(24・46―47)

メシアであるイエス様にとっての問題は、この世の支配ではなく、罪の赦しなのです。イエス様の十字架の死と復活の命は私の罪の赦しのためだったと信じることによって、私たちキリスト者は神に向かって生きる者となり、この世の支配から解放され、御子と共に神を「アッバ、父よ」と呼びつつ永遠に生きる者にされるのです。その命は、ただ信仰によってのみ与えられることです。なぜなら、信仰とは悔い改めを出発とするからです。それは、私のために生きることから、神のために生きることへと転換することです。そして、神様は、私たちをご自身に向けて生かすために、独り子を世に降し給うたのです。イエス様が人として生まれてくださったこと（受肉）は、言ってみれば、新しい神様になったということです。ここに新しい契約（新約）があるのです。そして、私たちは神の恵みによって信仰を与えられた新しい契約の民なのです。

34　キリストの証人として生きる（23・13―25）

庶民と権力者たち

私たちは、得てして過去の事物にとらわれがちです。そういう意味で、古い自分を持ったままなのです。だから、私たちはピラトをはじめとする人々（権力者たち）のこともよく分かるのです。彼らは皆、地位や名誉に固執します。それはすべての人間の特徴だと思います。でも、私たちキリスト者は、イエス様が十字架の死と復活の命を通して与えてくださったものを体感的に知っています。そして、イエス様の招きに応えて歩んでいるのです。私たち人間は、目の前に赤ペンキしかなければ、その色が「赤」とも名付けられません。しかし、そこに違う色のペンキがあれば、その違いによってそれまでのものを「赤」と名付けられるでしょう。それと同じように、私たちは洗礼を受けた時から、それまでとは違った面が与えられているのです。その違いが大事なのです。

ユダヤ人から見れば異邦人であるピラトは、イエス様を訴えてきたユダヤ人の前でイエス様のことを取り調べました。しかし、死刑にするような理由はイエス様にはなかったのです。その点においては、ガリラヤ地方の領主であったヘロデもピラトと同じでした。彼にして見れば、イエス様は「ユダヤ人の王」(23・3)を自称して捕まってしまった滑稽な人物に見えたのかもしれません。ヘロデもまた、王にふさわしい派手な衣装をイエス様の肩に被せて、ピラトの下に返したのです。イエス様が「ユダヤ人の王」を自称していた滑稽な男と評価する点では、ピラトもヘロデと同感でした。しかし、自称では死刑の理由になりません。だからピラトは、「死刑に当たるようなことは何もしていない」(23・15)として、イエス様のことを「鞭で懲らしめて釈放しよう」(23・16)と、祭司長や議員たち、そして民衆に提案します。

「鞭で懲らしめる」は、ピラトの教育的配慮と同時にユダヤ人に対する気配りがあると思います。ピラトは、ユダヤ人の指導者兼権力者の手前、何もしないでイエス様を釈放するわけにはいかないのです。この場合、ピラトは司法官でもあり同時に行政官でもあります。その両者とも実は世論と無関係ではなく、民衆に暴動を起こされでもすれば、ローマ帝国の皇帝から総督としての能力を疑われるに決まっています。だから、彼は何としてもこの場を平穏に収めたいのです。何事もなかったようにしたい。彼の立場、そして彼の気持ちはよく分かります。だけれど「人々は一斉に、『その男を殺せ。

バラバを釈放しろ』と叫び」（23・18）ました。

　このバラバは、エルサレムで起こった暴動と殺人のかどで投獄されていたのです（マルコ15・7）。ピラトが尋問の上、死刑にすべき男はこのバラバです。

　バラバ（バルアッバ）とは「父の子」という意味です。マタイ福音書によりますと、バラバは「イエス」（主は救い）とも呼ばれていたようです（マタイ27・17）。ですから、ここには二重の意味で皮肉、あるいは真実が込められているのです。「父の子」バラバを死刑にするのか、神を「父よ」（アッバ）と呼ぶ「神の子」を死刑にするのか、そして人間にとっての「救い」（イエス）とは何なのかという問題がここにあります。ピラトは、死刑にする理由が見当たらないイエスを釈放したいのです。しかし、そこにいる人々は口々に「十字架につけろ、十字架につけろ」（23・21）と叫びました。

　「十字架につける」。これは、ここで初めて出てくる言葉です。十字架刑は、当時ユダヤを支配していたローマ帝国が定めた極刑です。ユダヤの最大の祭りである過越の祭りの中で、ローマに反逆すればこうなることを人々に見せつける十字架刑を、そして恩赦を執行できるのはローマだけです。「バラバを釈放しろ」「十字架につけろ」という二つの言葉は、この祭りの中で恩赦とローマの極刑を執行しろ、とピラトに叫んでいるのです。ここに人間の救いとは何かという問題が絡まってきます。

神の意志

イエス様だけは、今この時、神様がご自身の計画を進展させておられるということをご存じでした。ピラトはもちろんその場にいた人々も、そのことは全く知りません。ピラトは司法官の仕事は放り投げて、とにかく人々が暴動を起こさないように「暴動と殺人のかどで投獄されていたバラバを要求どおりに釈放し、イエスの方は彼らに引き渡して、好きなようにさせた」（23・25）のです。これは「イエスを彼らの意志に引き渡した」が直訳です。「引き渡す」（パラディドーミ）はユダに使われると「裏切る」（22・22）と訳されたりしますけれど、今は「意志」に注目したいと思います。

オリーブ山におけるイエス様の祈りの場面では、イエス様は「父よ、御心なら、この杯をわたしから取りのけてください。しかし、わたしの願いではなく、御心のままに行ってください」（22・42）と、祈られました。「願い」と「御心」は別のように見えますが、そうではありません。イエス様の「願い」も父の「御心」も同じ言葉で「意志」（セレーマ）という意味です。イエス様の意志と神様の意志は、ここで真っ向からぶつかっています。私たちは祈りの中で神様の意志を知り、真実に祈る者はその意志に従うのです。「神は、このようにして新しい契約をお立てになる。その意志は変わらないのだ」。イエス様は、祈りの中でそのことを最終的に確認し、確信し、その意志に従う意志を固めたのです。地に跪《ひざまず》き、悶え苦しみながらです。

一方、神の御前で跪くことのないピラトは、行政官と司法官という立場の間で揺れました。支配者でありつつ、ユダヤ人に暴動でも起こされて自分が無能であるとローマの皇帝に思われてしまうことを恐れて、イエス様をユダヤ人の意志に任せたのです。軸がこの世にありますから、ぶれまくりです。

ユダヤ人の中にもさまざまな人がいました。全会衆の中には男もいたし女もいました。権力者もいたし庶民もいました。イエス様と真っ向からぶつかり、イエス様を亡き者にしようと真っ先に思ったのは権力者たちです。しかし、彼らに洗脳されて「十字架につけよ」と叫んだのは全会衆です。この世の者にとっては、命をかけて神を愛し、隣人を愛するイエス様の愛はうっとうしく、目障りだし、耳障りだからです。私たちも、その気持ちがよく分かるのではないでしょうか。権力者であれ庶民であれ、神の民ユダヤ人であれ異邦人であれ、イエス様の弟子であれ、皆自分を中心にしているのです。すべての基準が、自分にとって良いかどうかなのです。すべての中心に自分がいる。聖書では、それを罪と言うのです。そして、その罪人がイエス様を十字架に引き渡すのです。

私たちキリスト者は

イエス様は私たちの罪を負って、私たちの代わりに神の裁きを受けてくださったのです。だからこそ、神様はそのイエス様を復活させ、私たちの罪を赦し、復活のイエス様と共に新しく生きる道を開いてくださいました。私たちはそのことを信じる信仰を与えられたのです。そして「イエス様は我が主、我がキリスト、救い主である」という信仰を礼拝の中で告白して洗礼を受け、キリスト者としての歩みを始めました。

その日が、私たちキリスト者の「紀元」です。それ以前の日々と紀元後の日々は、見た目は同じに見えても全く違うのです。この時から、私たちは神の御子イエス・キリストと同じく、神を「アッバ、父よ」と呼ぶようになったのだし、私たちの救いはイエス・キリストの十字架の死と復活の命によって基礎を据えられ、再臨の時に完成する神の国に招き入れられることにあると信じているのです。神の国は、この地上にあって変わり続ける国境線はもちろん、人間の生死の境を越えたものです。この神の国に生きることに、罪と死に対して勝利する新しい契約があるのです。

私たちが礼拝における説教と聖餐の食卓の中にイエス様の愛を見ることができれば、神様の私たちへの愛が分かります。私たちのために十字架で死に、三日目に復活してくださったイエス様を、「私のキリスト」「世界のキリスト」として信じて洗礼を受けることによって、私たちは新しい契約に入るのです。そして、イエス様を通して表された神様の愛を証しする生活が始まります。かつて私たちは、自分を中心に生きることしか知らなかったのに、今やキリストの証人にされている。この恵みの事実を知った今、神を賛美せざるを得ません。

35　あなたは今日（23・26—43）

分かっていない

民衆や婦人たちは、十字架刑に連行されるイエス様の後を嘆き悲しみながら従いました（23・27）。しかし、彼らは自分の十字架を背負っているでしょうか。ここにおいて、イエス様の孤独はむしろ深くなったのではないかと思います。イエス様が十字架に磔にされて死ぬ意味を、真実に分かっている人はここにはいないのです。

「ほかにも、二人の犯罪人が、イエスと一緒に死刑にされるために、引かれて行った」（23・32）とあります。イエス様は犯罪人なのです。そして「されこうべ」（23・33）と呼ばれている処刑場で、イエス様は他の犯罪人と共に十字架刑につけられます。

ここで考えておかねばならないのは救いという言葉です。事故とか災害あるいは重病から生還すると、私たちはしばしば「救われた」とか言います。その場合の救いとは、あくまでも地上における命が助かったことです。メシアや王はそういう救いを与えてくれるものなのでしょうか。

「王」(23・38)という言葉(バシレウス)と「支配」や「国」を表す言葉(バシレイア)は根っこが同じ言葉です。だから十字架に磔にされた人間を「これはユダヤ人の王」(23・38)とすることは、イエスの国、その支配とは死で終わるものだ、ということです。しかし、ピラトも祭司長らも自分の言っていること、やっていることが何であるか分かっていないのです。私たちも、そういうことがよくあるのではないでしょうか。

犯罪人の一人は、イエス様に向かって「お前はメシアではないか。自分自身と我々を救ってみろ」(23・39)と言いました。するともう一人の犯罪人がこう言ったのです。

「お前は神をも恐れないのか、同じ刑罰を受けているのに。我々は、自分のやったことの報いを受けているのだから、当然だ。しかし、この方は何も悪いことをしていない。」(23・40―41)

「当然だ」(ディカイオース)は「正しい」ということです。十字架上で叫びつつ息を引き取られたイエス様を見て、ローマの兵士たちの上司である百人隊長が、「本当に、この人は正しい人だった」

（23・47）と言いました。その「正しい」（ディカイオス）と、「当然だ」という言葉は語根を同じくします。自分たちが死刑になってしまうのは当然のことだと、この犯罪人は言うのです。彼だけは「十字架から降ろしてくれ」とは言わないし、それを救いとは言わないのです。彼はこのまま十字架の上で死ぬことは仕方のないことだと思っている。でも彼だって救いを求めているのです。

だから「イエスよ、あなたの御国においでになるときには、わたしを思い出してください」（23・42）と言うのです。彼は肉眼で十字架のイエス様を、程なく死んでしまうイエス様を見ているのです。そして、この方以外に自分を救ってくれる存在はいないと確信している。つまり、この方だけは死で終わりの方ではない。生死を越えた支配（統治）をされる方だと思ったのです。そして「イエスよ、あなたの御国においでになるときには、わたしを思い出してください」と言ったのです。

この「思い出す」（ミムネースコマイ）という言葉は、マリアがイエス様を身ごもったと知った時に「賛歌」の中で語った言葉にあります。そして、ここと復活の箇所（24・6）に出てくる大切な言葉です。いずれも、イエス様を通して神様が人間の罪を赦して、人間をご自身に向けてまっすぐに生きる存在にするという契約を果たす箇所です。イエス様の誕生、十字架、復活は、この地上だけではなく天上にも広がる神の国へと、神様がすべての人々を招く新しい契約のために必要だったのです。

今日、楽園に

イエス様は、この犯罪人に「はっきり言っておくが、あなたは今日わたしと一緒に楽園にいる」(23・43)と言われました。「はっきり言っておく」は「アーメン、あなた方に言う」が直訳です。「確かに言っておく。一言も忘れるんじゃない」ということです。私たちも忘れてはなりません。

「今日」(セーメロン)という言葉、それはイエス様の誕生を、羊たちと野宿する羊飼いに天使が告げた言葉の中に出てきます。羊飼いは、当時は人の数にも入れられていなかった人々です。

「恐れるな。わたしは、民全体に与えられる大きな喜びを告げる。今日ダビデの町で、あなたがたのために救い主がお生まれになった。この方こそ主メシアである。あなたがたは、布にくるまって飼い葉桶の中に寝ている乳飲み子を見つけるであろう。これがあなたがたへのしるしである。」(2・10―12)

「今日、神はそのご支配を開始された。それも、家畜が口を突っ込む飼い葉桶の中に、布にくるまれて寝かされている赤ん坊を通してである。この方こそ全世界の『王』、『ダビデの子』であり、『主メシア』『救い主』である。その喜びを、あなた方に真っ先に告げる」。天使は羊飼いにこう告げているのです。彼らは、その言葉を信じて、ベツレヘムに向かい、その赤ん坊を探しました。

イエス様は、この犯罪人に向かって「あなたは今日わたしと一緒に楽園にいる」(23・43)と言われたのです。この「楽園」(パラデイソス)という言葉は新約聖書で三回しか使われない言葉です。いずれもこの地上を越えた世界を言っていますけれども、ヨハネの黙示録の中に「勝利を得る者には、神の楽園にある命の木の実を食べさせよう」(黙示録2・7)とあります。罪を赦されて、神に向かってまっすぐに生きるようにされた人間は、イエス様によって、古き自分に勝利した人間なのです。そういう人間は、創世記3章にあるように、楽園で命の木から食べるようになる(創世記3・22)。イエス様の十字架が自分の罪の赦しのためであると信じた人間は、この世にありながら、その信仰において今日から生死を越えた世の命を生き始める。イエス様は、そうおっしゃっている。私は、そう思うようになりました。

選ばれた者

私は、ここで選びということを考えざるを得ないと思います。議員たちはこう言いました。

「他人を救ったのだ。もし神からのメシアで、選ばれた者なら、自分を救うがよい。」(23・35)

「選ばれた者」（エクレクトス）は、イエス様本人のことです。「イエス様は神様に選ばれた者」という意味です。だから、イエス様が山上で変容された時に、「これに聞け」（9・35）と神様はおっしゃるのです。

神様はなぜイエス様を選んだのでしょうか。選ばれた者という言葉そのものは、この箇所を含めて二回しか出てきません。もう一箇所は18章のたとえ話の中に出てきます。そこでは法的な保護が全くないやもめと、神など畏れない裁判官が登場人物です。その裁判官の所に、やもめがひっきりなしにやって来ては「自分のために裁判をしてくれ」と言うのです。裁判官は正義感からでも何でもなく、やもめを黙らせるために裁判を開きます。そこでイエス様はこう言うのです。「まして神は、昼も夜も叫び求めている選ばれた人たちのために裁きを行わずに、彼らをいつまでもほうっておかれることがあろうか。言っておくが、神は速やかに裁いてくださる」（18・7―8）。

イエス様は、神は「速やかに裁いてくださる」と言われます。今日です。今日救ってくださるのです。しかし、その救いは、一般に考えられている救いとは違います。何をしているか分かって謝っている人間ではなく、何をしているか分からぬ者、つまり謝ってもいない人間の罪が赦されるために、イエス様が身代わりに裁かれつつ十字架の上で罪人の罪を赦してくださいと祈る救いなのです。それはイエス様の十字架の死、復活の命、再臨によって生死を越えた神の国に招かれる救いです。私たちの王（メシア）が十字架の死から与えてくださる救いとはそういうものなのです。イエス様はこの救いを与えるために、神に選ばれ、神の国の王として遣わされたのです。私たちキリスト者も神様に選ばれて、福音を信じた羊飼い、やもめ、犯罪人ではないでしょうか。だから、感謝してイエス・キリストを通して救いが与えられることを証ししていきたいと思います。

36　神様を賛美しつつ歩む（23・44―56）

新しい契約

人生は、死（墓）に向かって進んでいると言われます。そのことは、はっきりしています。その人の人生がどういうものであったかは死んでから分かる、とも言われます。

イエス様が十字架につけられる時、「既に昼の十二時ごろであった。全地は暗くなり、それが三時まで続いた。太陽は光を失っていた」（23・44―45）とあります。これは主でありメシアである方の死は、地域的なことではなく全世界的なことであり、全世界が闇に包まれることなのだと言っているのでしょう。イエス様がこの地上にお生まれになった時も、天使は「民全体に与えられる大きな喜びを告げる」（2・10）と、町の外にいる羊飼いたちに告げました。当時のローマ帝国の皇帝は、アウグストゥス（崇高なる者）でした。彼の誕生は「福音」とか「平和をもたらす者の誕生」と言われていたのです。しかし、天使は、飼い葉桶に寝かされている赤ん坊が「主メシア」（2・11）であると言い、「その子の誕生は、民全体の喜びとなっていく」と言うのです。それと同じ意味が、ここには込められています。

ルカは「神殿の垂れ幕が真ん中から裂けた」（23・45）のは、イエス様が生きている時に起こったことにしています。イエス様はその後で、「父よ、わたしの霊を御手にゆだねます」（23・46）と言って息を引き取るのです。神殿の幕が真ん中から裂けたとは、この十字架のイエス様を通してユダヤ人だけではなく異邦人も神の招きの中におかれていることの徴です。イエス様の十字架の死によって、神様はユダヤ人を越えた民全体を神の民とする新しい契約を立ててくださいました。私たちは行いではなく信仰によってその契約に入るのです。聖所と至聖所を分ける垂れ幕が真ん中から裂けたとは、その新しい契約を表しているのです。

百人隊長がどこまで見ていたのか分かりません。でも彼は、十字架の下にずっといて、イエス様の祈りを聞き、イエス様と犯罪者たちとの対話を聞き、イエス様の最後の言葉を聞いたのです。そのすべてを通して、イエス様が与えようとしている救いは、十字架から降りたり犯罪者たちを降ろすことにあるのではなく、犯罪者であろうがなかろうが、すべての人間の罪が十字架の死によって赦され、もはや涙も死もないパラダイスにイエス様と共に生きることにあると知ったのです。要するに、神様と一体に歩んでいるがゆえに、罪を犯し得ない方を罪人として十字架で裁くところに、神様とイエス様の正しさがあると知ったのです。

正しい者を罪人として裁くこと、それはあってはいけないことです。しかし、罪人を新しい命をもって生かすために、神様はそのことを断行されたのです。イエス様は神様の意志の堅さを知り、そこまでして罪人を救おうとする神様の愛に感動しつつ、神様に服従したのです。そこにイエス様の正しさがあります。百人隊長がこの時どこまで知ったかは分かりませんが、彼は十字架のイエス様を見上げながら「本当に、この人は正しい人だった」(23・47)と言ったのです。十字架のイエス様に対する信仰告白は、異邦人が第一号です。

神を賛美した

「神を賛美した」(23・47)という言葉は、ルカ福音書で何度か出てきます。降誕物語では、エルサレムの家畜小屋で見たことが天使の言葉通りだったので、羊飼いたちは神を「賛美しながら」(2・20)帰って行ったとあります。「天には栄光、地には平和」を、神様が新たに造り始めたのです。それは、人間の罪を赦すことで、神が「神の国」を造り始めたことを表しています。

次に出てくるのは、イエス様が中風の者に向かって「人よ、あなたの罪は赦された」(5・20)と言い、中風の者を歩けるようにしてくださった箇所です。ここは「信仰」（ピスティス）という言葉が初めて出てくる所でもあります。中風だった人は病を癒やされるとすぐに「神を賛美した」（5・25）のです。イエス様の癒やしの業は、人間の罪を赦す業です。罪の赦しを自分のものにするためには信仰が必要であり、そこから神を賛美することが生まれるのです。

十字架の場面でその次に登場する人たちは、「イエスを知っていたすべての人たち」（23・49）と「ガリラヤから従って来た婦人たち」（同）です。彼らは、「遠くに立って、これらのことを見ていた」（同）のです。イエス様のために何かをしたり、できたわけではありません。でも、特に婦人たちは、この後の埋葬や復活の証人になります。そして、復活の時は名前が記されます。当時、女性の弟子はあり得ませんでしたし、女性の目撃証言が重んじられることもありませんでした。しかし、イエス様の十字架の死と埋葬、そして復活という決定的な出来事の目撃者は、どの福音書においても女性です。その証言が教会の基礎になっている。それは事実です。そして大事なことです。神様は羊飼いにメシア誕生を知らせ、中風の者を癒やし、子どもを祝福し、女性たちを目撃者、証言者とするのです。すべてこの世の秩序とは逆です。

イエス様の十字架の周りにはユダヤ人だけではなく、異邦人の百人隊長もいますし、身分の高い者も低い者もいますし、男も女もいるのです。そういうすべての人たちが、イエスの十字架の死は主の死、メシアの死、地に平和と天に栄光をもたらす死であることの証人となる。そして、男性よりも低く見られていた女性たちが、その死と埋葬の目撃者であり証言者だと聖書は告げるのです。イエス様の復活を弟子たちに告げたのも女性たちです。

分断・神の国

ヨセフは最高法院の「議員」（23・50）でしたが、「善良な正しい人で、同僚の決議や行動には同意しなかった」（23・50―51）人です。そのヨセフが律法にある通り、日没と同時に始まる安息日の前に、イエス様の遺体を十字架から降ろし彼が持っていた新しい墓に納めると、ピラトに申し出たのです。ヨセフは「ユダヤ人の町アリマタヤの出身で、神の国を待ち望んでいた」（23・51）とあります。アリマタヤはユダヤ地方とサマリア地方の境にある小さな町だそうです。彼が「神の国を待ち望んでいた」ということを最後に少し考えたいと思います。

現代は、これまで私たちの目に見えにくかった分断が強調される時代です。階級、身分、肌の色、宗教、国籍、性別、それらのものがさまざまな差別や憎しみを生み出し、その憎しみや差別が肯定される。そういう時代だと思います。

言い換えれば、神の国の実現とは正反対の時代です。しかし、私たちキリスト者は、だからこそ神の国を待ち望むのではないでしょうか。「天にましますわれらの父よ、御名を崇めさせたまえ。御国を来たらせたまえ。御心の天になるごとく、地にもなさせたまえ」（11・2参照）と、礼拝の中で共に祈るのではないでしょうか。それは出席者全員で神の国の実現を求める祈りです。神の国は、私たちのために十字架で命を捨てられたイエス・キリストによってもたらされるものです。神様はそのイエス様を復活させ、天に挙げ、主という名を与えます。イエス様は神様と共に聖霊を降して、霊において私たちと共に生きてくださいます。そして、イエス様は世の終わりに神の国を完成するために再臨されるのです（黙示録22・12―13）。聖書はそのことを書いており、私たちはその聖書を読んでいます。

神様は、キリストの十字架の死と復活によって、私たちの罪を赦し、聖霊によって、神の国に向かってまっすぐに生きるようにしてくださったのです。自己を中心にしてしかものを考えることができなかった私たちが、イエス様こそ私のキリストであることを知らされ、洗礼を受けることを通してイエス・キリストに結ばれたからです。だから私たちは、神の国が実現することを願いつつ生きることができるのです。そのことを忘れないで、死の時まで、自分に与えられた人生をイエス様と共に生きていきたいと思います。私たちは今、肉体の死を越えた神の国の完成に向かって生きているのです。そのことを感謝し、イエス・キリストを通してご自身の正しさを示された神様を賛美しつつ歩む者でありたいと願います。

37　聞くことに始まる信仰（24・1―12）

思い出しなさい

昔も今も、復活は私たち人間にとって難しい問題です。復活は、私たち人間の理性で納得できることではありません。しかし「鰯の頭も信心から」と言うように、主観的な信仰心だけの問題かと言うとそうとも言いきれない。そうじゃないでしょうか。

すべては復活から始まる。これは確かだと思います。私たちキリスト者は、復活を通して十字架の意味を知らされたのです。そして、信じたのです。そして、復活を通して信じるということは、それまでとは違う仕方で信じるということです。パウロの言葉を使えば、「わたしは、既にそれを得たというわけではなく、既に完全な者となっているわけでもありません。何とかして捕らえようと努めているのです。自分がキリスト・イエスに捕らえられているからです」（フィリピ３・12）ということです。それまでの自分ではなくなってしまったのです。

婦人たちは、安息日が明けたと同時に、イエス様のご遺体に香料を塗るために墓まで来ました。そこで、輝く衣を着た二人の人を見て、慌てて地に顔を伏せました。彼らは、「なぜ、生きておられる方を死者の中に捜すのか。あの方は、ここにはおられない。復活なさったのだ」（24・5―6）と彼女たちに言いました。そして、ガリラヤ地方でのイエス様の言葉を思い出しなさいと言ったのです。その言葉は、「人の子は必ず、罪人の手に渡され、十字架につけられ、三日目に復活することになっている」（24・7）という言葉です。

婦人たちにとって、今のイエス様は「遺体」です。原文では「体」を意味するソーマです。婦人たちにとって、なるべく死臭が立たないように最後の奉仕を捧げる対象です。しかし神様にとって、その体は死を越えて生きておられるのです。理性的に見れば、死んでしまったイエス様は単なる遺体でしょう。その目からすれば、イエス様は生きているとする見方は受け入れがたいものです。しかしイエス様は、ある所でこうおっしゃっています。「神は死んだ者の神ではなく、生きている者の神なのだ。すべての人は、神によって生きているからである」（20・38）。問題は、そこにある生と死とは何か、そしてイエス様の言葉を信じているか否かです。

かつて私が頂いた手紙の中に、こういうものがあります。脳梗塞の後遺症で、利き手ではない左手で書かれたものです。内容は、「牧師は、自分が語ったことを信じている。私もこの地上に生きている今、心から信頼できる言葉に出会えて幸せだ」というものです。私はご自宅に伺った時に、「わたしは良い羊飼いである。良い羊飼いは羊のために命を捨てる」（ヨハネ10・11）というイエス様の言葉を読んで、短い説教をしたのです。手紙はその数日後に頂いたものです。人は聖書の言葉を聞くとき、牧師が聖書の言葉を本当に信じているのか否かを見ているのだと思いました。

言葉の信用性

問題は、言葉の信用性だと思うのです。婦人たちはイエス様が葬られた墓の前で顔を伏せながら、御使いの言葉を信じたでしょう。御使いたちは信じている。信じた上で「なぜ、生きておられる方を死者の中に捜すのか」（24・5）と言っている。そして「あの方は、ここにはおられない。復活なさったのだ」（24・6）と言っている。婦人たちは、当然そう感じたでしょう。

そして、御使いがガリラヤ時代からイエス様がおっしゃっていたことを「思い出しなさい」（24・6）と言った時、彼女らは本当の意味でイエス様の言葉を思い出したのです。ここに「イエスの言葉」（24・8）とあります。これは原文で「彼の言葉」とも「彼についての出来事」とも訳せる言葉です。11節にも「使徒たちは、この話がたわ言のように思われた」とあります。「この話」はレーマタという言葉です。レーマタはイエス様がお生まれになった時にも使われます。特にマリアが「これらの出来事をすべて心に納めて、思い巡らしていた」（2・19）とあります。「これらの出来事」の中に、「言葉」とも訳されるレーマタという言葉があるのです。

人の子が罪人らの手に引き渡されて十字架につけられて死に、「三日目に復活することになってい る」（24・7）とあります。「なっている」は、原文ではデイです。ここでは神の意志を表します。イエス様は、最初から神の意志を語っているし、神様の言葉はそのまま出来事になります。そして、御使いは、神様の言葉に完全に従うイエス様の言葉を信じて語っているのです。

婦人たちは、もちろん言葉としてはイエス様の言葉を覚えていたでしょう。でも、聖書の言葉を覚えていても、自分の問題と深く結びついていなければ意味がありません。「すべての人は、神によって生きているからである」（20・38）という言葉が、その人の出来事になっていなければ、覚えていても意味はないですし、すべてたわ言に過ぎないのではないでしょうか。でも婦人たちは、この時はまだ復活のイエス様には出会っていません。墓の蓋に使われていた大きな石は転がされ、墓の中にあるはずだったイエス様の遺体はなく、墓の中は空だったのです。彼女たちはその事実を知りました。しかし、婦人たちは御使いたちの信仰を感じ取り、イエス様の言葉は神の言葉であり、それは必ず十字架の死による罪の赦しと、復活による新しい人間の創造という出来事になることを知ったのだと思います。

彼女たちは、墓に来た時とは全然違った人間として帰っていったのです。そして墓で経験した一部始終を、この時にはいなくなっていたユダ以外の十一人の弟子たちと他の人々に知らせたのです。

彼女たちは福音を宣教する「新しい人間」になりつつあるのです。イエス・キリストの誕生と復活を最初に知らされたのは、当時まともな人間扱いをされていなかった羊飼いや女たちなのです。

彼女たちは御使いの言葉を聞き、そこにイエス様の言葉を聞き、そこに神の意志があることを聞いて、信じ、そしてたわ言と思われようが何だろうが宣教したのです。

信仰は聞くことにより

聖書に「いかに美しいことか　山々を行き巡り、良い知らせを伝える者の足は」（イザヤ書52・7、ローマ10・15）とあります。でも、すべての人が福音に従うわけではないとパウロは言います。そしてこう言うのです。


実に、信仰は聞くことにより、しかも、キリストの言葉を聞くことによって始まるのです。

（ローマ10・17）

これは本当のことだと思います。ユダを除いた十一人の弟子たちは、後に一人加えられて（使徒1・26）イスラエル十二部族を表す十二人の使徒になります。彼らを通して、信仰が世界に広まって行ったのです。使徒たちは、イエス様の言葉を聞いただけではなく、イエス様の姿を見、イエス様を通して表された神様の御心を語ったのです。その福音を聴いて信じた者たちが、聖霊の力添えを受けて教会を建ち上げていったのです。だから、私たちは使徒的教会と呼ばれるのです。

ルカは、ここであえて「使徒たち」と呼んでいるのです。彼らは十字架の死を恐れて逃げたし、イエス様の言葉も信じることなく、墓は空だったと伝えた婦人たちの言葉をたわ言として信じなかった者たちです。でも、彼らが「使徒たち」なのです。自分たちの罪を赦してくださる方は自分たちの裏切りの罪を赦してくださった方なのだと知らされた者たちが、福音を伝える者になるのです。そして、多くの拒絶を経験し、迫害を経験します。でも、復活のイエス様が共に生きてくださっている喜びに優るものはなく、伝道し続けるのです。

38　目には見えないけれど（24・13―35）

復活のイエス様

イエス様は人間の目には見えないけれど今生きておられるという「架空」と、人間の目には見えないからこそ今生きておられるという「現実」が、架空と現実という本来は相容れない二つのものが、ここにはあると思います。

ヨハネの黙示録には「見よ、わたしは戸口に立って、たたいている。だれかわたしの声を聞いて戸を開ける者があれば、わたしは中に入ってその者と共に食事をし、彼もまた、わたしと共に食事をするであろう」（3・20）という言葉があります。今回の箇所は、イエス様と共に食事をすることが一つのテーマです。

ルカは「ちょうどこの日」（24・13）と言います。それは、私たちにとっては日曜日である週の初めの日のことになります。それは、イエス様が復活された日です。その日の早朝、二人の弟子たちは、イエス様はもう死んでしまったと思い、彼らのそれまでの生活の拠点であったエマオへ帰ろうとします。すると一人の人が彼らの後についてきて、彼らの会話に加わってくるのです。彼らはその人もエルサレムにいたはずなのに何も知らないのは不思議だと思いつつ、ナザレ村出身のイエスの十字架刑による死について語ります。この二人の弟子たちにとって、イエスという人は「神と民全体の前で、行いにも言葉にも力のある預言者」（24・19）でしたし、この預言者に「イスラエルを解放してくださると望みをかけて」（24・21）いたのです。しかし、十字架の死から三日目の朝、仲間の婦人たちがイエス様のご遺体に油を塗ろうとして行ったら、ご遺体は墓の中になく、天使たちが「イエスは生きておられる」（24・23）と告げたと言うのです。それを婦人たちから聞いて、ペトロは墓まで行ったけれど、婦人たちの言った通り、墓の中にイエス様のご遺体はなかった、と言ったのです。

この時の彼らは「目は遮られていて」（24・16）目の前の人が「イエスだとは分からなかった」（同）のです。彼らの言うことを聞いて、「ああ、物分かりが悪く、心が鈍く預言者たちの言ったことすべてを信じられない者たち、メシアはこういう苦しみを受けて、栄光に入るはずだったのではないか」（24・25―26）とイエス様はおっしゃいました。

聖書が書いていること

「そして、モーセとすべての預言者から始めて、聖書全体にわたり、御自分について書かれていることを説明された」（24・27）とあります。そのなかでイエス様の十字架の死や三日目の復活そのものが預言されているわけではありません。けれど、神が神の民であるべきイスラエルを愛し、神の被造物である世界の民を愛することでどれだけ苦しんだかが書いてあるのです。愛することには喜びだけではなく、必ず苦しみが伴うからです。苦しみが伴わない愛などないのです。しかし、その苦しみを経なければ、ご自身の国が確立しない。神の支配が全世界に確立するという栄光はないのです。

旧約聖書は、その神の苦しみと栄光を書いているのであって、イエス様は神の独り子として、父なる神の苦しみと栄光をつぶさに味わって来られたのです。その独り子を通して、新しいイスラエルを生み出したのは父なる神です。それは、後にこの弟子たちにも分かることです。でも今、彼らには分かりません。当然と言えば当然ですが、彼らの物分かりが悪く、その心が鈍いからでもあります。

まだイエス様たちがガリラヤ地方におられた時、ペトロをはじめとする弟子たちは、イエス様に対して「キリスト告白」をしました。「（あなたは）神からのメシア（キリスト）です」（9・20）と言ったのです。イエス様に向かって、あなたこそ救い主です、と人類で初めて言ったのです。それを受けて、イエス様はご自身の受難と三日目の復活を告げました。ご自身が経験することになる、苦しみと栄光を告げられたのです。それも一度だけではなく、何度も告げられました。ある時は「この言葉をよく耳に入れておきなさい。人の子は人々の手に引き渡されようとしている」(9・44)と、イエス様は言われました。しかし、「弟子たちはその言葉が分からなかった。彼らには理解できないように隠されていたのである。彼らは、怖くてその言葉について尋ねられなかった」(9・45)と続くのです。

またイエス様たちがいよいよエルサレムに入る直前の18章で、イエス様は十二人の弟子たちに向かって、イエス様に関して預言者が書いたことは皆実現し、イエス様は異邦人の手によって侮辱されながら殺され、三日後に復活すると言われます。でも、「十二人はこれらのことが何も分からなかった。彼らにはこの言葉の意味が隠されていて、イエスの言われたことが理解できなかったのである」(18・34)とあります。

「目は遮られていて、イエスだとは分からなかった」(24・16)とは、メシアの苦難も苦難を通しての栄光も、弟子には分からないという意味です。そのことが分からなければ、イエス様のことが分かったことにはなりません。分からない者たちに向かって、イエス様は「聖書全体」(24・27)にわたってイエス様について書いてあることに関して説明されたのです。「説明する」とは、完全に解釈する、すべての出来事の意味を解説することです。表面的な意味ではなく、そこで何が起こっているのかを完全に説き明かすということです。私たちにはなかなかできないことです。それは次の場面を見ることで一層明らかになります。

パンを裂いて

その日は暮れようとしていました。一行はエマオに着き、イエス様だけが先に行こうとするのを無理矢理引きとめて、一緒に夕食をとるようにしました。そこで、客であったイエス様が主人の仕事をし始めたのです。つまり、「パンを取り、賛美の祈りを唱え、パンを裂いてお渡しになった」(24・30)のです。使徒言行録には初代教会が「使徒の教え、相互の交わり、パンを裂くこと、祈ることに熱心であった」(2・42)とあります。この日の出来事があってのことでしょう。イエス様が「パンを裂く」(24・30)姿を見て、突然二人の「目が開け」、目の前にいる人が「イエスだと分かった」(24・31)のです。しかし、その時、イエス様の「姿は見えなくなった」(同)とあります。

イエス様は生きておられる。私たちと一緒におられる。しかしそれは、目に見える形ではない。それは、イエス様のなさったことを表面的に目で見ているだけでは分からないことです。イエス様がパンを裂いてくださったことは、イエス様は私たち一人ひとりを家族として見てくださっていることを表しています。家族の中にはさまざまな人がいます。そして、人は皆変わります。イエス様は、その一人ひとりを御覧になり、その人の罪が赦されるように神様に祈り、十字架につけられて死んでくださいました。そして、私たちが神様によって罪赦されて新しい命が与えられるために、十字架の死を経て神様に復活させられ、私たちと一緒に歩き、一緒にお泊りになり、食事の席でパンを裂いてくださるのです。そのように愛してくださっている。その事実は変わりません。

聖餐式の司式者や配餐者は人間です。しかし、その背後にいますのはイエス様なのです。聖餐の主人はイエス様です。聖餐式において、聖餐制定の言葉は、「だから、あなたがたは、このパンを食し、この杯を飲むごとに、それによって、主がこられる時に至るまで、主の死を告げ知らせるのである」（Ⅰコリント11・26、口語訳）で終わります。目に見える形は、多くの教会では切られたパンですし、ブドウ液は小さな杯に分けられています。しかし、この食卓の主人はイエス様です。イエス様は、私たちの罪が赦され、神様と交わりを持つことができるようにと御自身の体と血をもって「平和」、シャロームを造り出してくださったのです。ここには平和を造り出す主の死があるのです。そのようにして、イエス様は、この世に埋没するしかなかった私たちを救い出し、神の子キリストを証しする者に造り替えてくださったのです。それは古き自分に死に、神様の愛を証しする新しい自分に復活したということです。信仰を与えられた私たちの中に、復活のイエス様が生きてくださっているのです。キリスト者とは、そのようにされた者たちです。復活の命を生きている私たちが、神の子の復活の証人にされる。本当にありがたいことです。

39　神様が与えてくださる平和によって（24・36―49）

礼拝で起こること

今回の箇所に書かれたことは、すべて同じ日に起こったように記されています。でも、客観的事実としてはそうではないでしょう。でも、ルカ福音書は歴史的な事実を書こうとしたのではなく、礼拝の一日を書きたくてこういう書き方をしたのだと思います。ここは礼拝の場面です。イエス様は、弟子たちの真ん中に立ち、「あなたがたに平和があるように」（24・36）と言われました。これは今でも礼拝で起こることです。この声が聞こえることが、極めて重要なのです。

「平和があるように」という願望の言葉は、「あなたがたに平和がある」という宣言の言葉の方が良いと思います。ギリシア語では「エイレーネー　ヒューミーン」とあり、直訳すれば「平和が、あなたがたに」です。「あるように」とか「ある」という動詞がないのです。そのまま「あなたがたに平和を（peace to you）」としている英語訳聖書もあります。

イエス様の十字架の死と復活、そして逃げ去った弟子たちへの顕現で神様が造り出してくださったことは、何よりも神様と私たち罪人との間の平和なのです。御子イエス・キリストの十字架の死と復活の命がなければ、そして十字架の上でイエス様が「罪人の罪を赦してください」と神様に祈ってくださらなければ、神に背いて生きるほかにない罪人と神様との間に平和はないのです。私たちが神様の方を向き、神様に向かって歩むことなどできません。

私たちが神様の方に歩むことができる、それはイエス・キリストの十字架と復活によって私たちの罪が神様によって赦されたからです。そのことを、復活のイエス様が明らかにしてくださったのです。「あなたがたに平和がある」という御子の宣言を聞くこと、それが礼拝で起こること、いや、起こらねばならないことだと思います。

聖書が言っていること

イエス様はこう言われます。

「わたしについてモーセの律法と預言者の書と詩編に書いてある事柄は、必ずすべて実現する。

これこそ、まだあなたがたと一緒にいたころ、言っておいたことである。」（24・44）

「モーセの律法」以下の言葉は、私たちが旧約聖書と呼ぶ書物のことです。そこに書いてあることは、イエス様が弟子たちと同じく地上に生きていた頃に語っていたことなのです。すべては聖書に記されていること、さらに言えば、神様のご計画なのです。イエス様はそのご計画に従っているのです。イエス様は、これまでに「人の子は、定められたとおり去って行く。だが、人の子を裏切るその者は不幸だ」（22・22）とか「『その人は犯罪人の一人に数えられた』と書かれていることは、わたしの身に必ず実現する。わたしにかかわることは実現するからである」（22・37）とおっしゃっていました。いずれも旧約聖書の預言が実現するという意味です。それも、救い主であるキリストは必ず苦しみを経験する。その苦しみが死に行きつくこと、それも人間の罪の結果である死に行きつくことを語っているのです。

でも、イエス様に裁かれるべき罪はないのです。だからこそイエス様は、人間の罪の結果である神の裁きとしての十字架に磔にされなければならないのです。そのこと抜きに復活、昇天という栄光はあり得ません。それが、イエス様だけが知らされていった御心です。「メシアは苦しみを受け、三日目に死者の中から復活する」（24・46）という言葉の意味はそこにあります。旧約聖書に、文字通りこのように書いてあるところはありません。ここに「心の目」（24・45）とありますが、原文では「聖書を理解するために、彼らの理性をひらいた」です。旧約聖書の時代に生きた人々が、どういう罪を犯し、どういうことを救いと思っていたか、そして神様が何を告げているかを吟味しつつ、旧約聖書が次第に分かってくる。そういうことがあると思います。

今やあの弟子たちが

イエス様は続けます。

「また、罪の赦しを得させる悔い改めが、その名によってあらゆる国の人々に宣べ伝えられる」（24・47）

罪＝悪ではありません。神に背を向けて、すべて自分のものにするのが罪です。私の家、私の命、私の神……。私たちは、何でも自分のものにしてしまうのです。「すべては自分のものだから、どう使おうが私の勝手でしょ」と思ってしまう。それが罪です。そういう意味で、私たちは皆罪人なのです。この世では、それは当たり前のことです。

その罪の赦しを得させるのが、悔い改めです。イエス様の先駆者である洗礼者ヨハネも「罪の赦しを得させるために悔い改めの洗礼を宣べ伝えた」（3・3）し、イエス様はごく初期に「わたしが来たのは、正しい人を招くためではなく、罪人を招いて悔い改めさせるためである」（5・32）とおっしゃいました。つまり「罪の悔い改め」とは方向転換のことであり、自分のために生きていた人間が、神様の方を向いて神のために生きることです。そういう意味で、人が全く新しくされることです。それは決断や決心とは全く違います。「その名によって」（24・47）とあるように、新しい命とは、私の身代わりに十字架で神様の裁きを受け、私が神に向かって生きるために復活させられ、「あなたに平和がある」と言ってくださったイエス様との出会いによって与えられるものです。「私は、あなたの罪を背負い、あなたの代わりに完全に罰せられ、復活させられてあなたと共に生きている。今、あなたはそのことを信じた。これまでの自分から飛び出して洗礼を受けた。だからあなたは、新しく造られた。あなたは、これから私と共に神に向かって生きるのだ」。イエス様は、そうおっしゃるのです。

「宣べ伝えられる」（24・47）とあります。これからは弟子たち、いや使徒たちがイエス様に従いつつ伝道するのです。彼らによって「あらゆる国の人々に宣べ伝えられる」（同）のです。神の民であるべきユダヤ人の枠を越えて、全世界の人々に対する宣教を、復活のイエス様と共に始めるのは彼らです。

さらにイエス様は続けます。彼らはその宣教をエルサレムから始めねばなりません。ルカ福音書では、エルサレムが世界宣教を開始する場所です。そこには神殿があり、神様を礼拝する所だからです。礼拝から伝道は始まるのです。

「あなたがたはこれらのことの証人となる。わたしは、父が約束されたものをあなたがたに送る。高い所からの力に覆われるまでは、都にとどまっていなさい。」（24・48―49）

ここに「高い所からの力に覆われる」という言葉が出てきます。私たちはそれぞれ異なる賜物を与えられています。すべての人が言葉で伝道するわけではありません。でも内容的には「イエスは今も生きておられる。私たちはそのことを信じているキリスト者です。私たちは神様に愛されているのです」ということを証しするのです。生きる姿によって、この証しを語っていることがあるのです。

神の愛を証しできる時、私たちは高いところからの力に覆われて力づけられますし、何よりも喜びに満たされています。私たちと御自身との間に「平和」（24・36）を造り出すために、神様は愛する独り子を十字架につけ、復活させ、天に挙げられて「主」となさいました（フィリピ2・6―11参照）。

その神様が、御子と共に聖霊を降し、教会を建て、イエス様をキリストであると信じる者たちに洗礼を授けてくださったのです。そのようにして、罪人である私たちが、今や神様を「父よ」（11・2）と呼ぶことができるのです。私たちとご自身との間に平和を造り出してくださったからです。私たちは、今や神様の愛を賛美して生きることができるのです。賛美に生きる命は生死の境を越えています。こんな幸いなことがあるでしょうか。イエス様は、私たちにこの幸いを生きてほしいと願っておられるのです。感謝です。

40　すべては神様のお陰（24・50―53）

最初と最後

ルカ福音書は神殿を舞台に始まります（1・9、「聖所」とは神殿のことです）。「喜び」（1・14）という言葉が二度出てきます。既に高齢になったザカリアが香を焚くために神殿に入っている時、天使ガブリエルが現れ、民の喜びとして彼の妻であるエリサベトから赤ん坊が誕生することを告げたのです。でも、ザカリアはその言葉を信じることができませんでした。二人とも高齢だったからです。それはともかく、「神殿」と「喜び」という言葉は、終わりの場面でも出てきます。ルカ福音書の最初と最後は、深く結びついているのです。

同じことが「力」（24・49）についても言えます。弟子たちは、父なる神が御子イエス・キリストにおいてなさったことの「証人」（24・48）となるべく、この後も都エルサレムに留まっていなければなりません。そこに留まる弟子たちに、イエス様は「父が約束されたものを……送り」(24・49)、弟子たちは「高い所からの力に覆われ」(同)ます。その時、イエス様は人間の目には見えなくなったことを、彼らは知ることになります。しかし、人間の目に見えなくなったがゆえに、イエス様は全世界に生きておられることを告げ、イエス様が神との間に造られた「平和」(24・36)を宣べ伝える証人とされるのです。彼らはその時、イエス様を神様として礼拝し、伝道する者に変えられていったのです。

マリアも「力」(1・35)としての「聖霊」(同)に包まれることによって、「わたしは主のはしためです。お言葉どおり、この身に成りますように」(1・38)と言うことができました。イエス様を自分の中に受け入れるとは、聖霊の力によることであり、それは自分を神様に対して明け渡すことです。もはや自分のものではないのです。

昇天

イエス様はエルサレム近郊のベタニアに弟子たちを連れて行き、そこで「手を上げて(弟子たちを)祝福され」(24・50)、そのまま「天に上げられ」(24・51)ていきました。使徒信条の言葉を使えば、イエス様はそこで「全能の父なる神の右に」着き、神様から一切の権能を授けられたのです。イエス様は、人間の目には見えない存在になることによって、世界中に生きておられる存在になっただけでなく、世の終わりの時に再臨して神の国を天地に完成される王になられたのです。

「彼らはイエスを伏し拝んだ後」(24・52) とあります。「伏し拝む」(プロスキュネオー) は、ルカ福音書では、ここ以外に4章7節と8節にだけ使われる珍しい言葉です。意味は「礼拝する」ということです。

悪魔は、ある時、イエス様に向かってこう言いました。

「もしわたしを拝むなら、みんなあなたのものになる。」(4・7)

イエス様は、悪魔にこう言われました。

「『あなたの神である主を拝み、ただ主に仕えよ』と書いてある。」(4・8)

問題は、悪魔を礼拝し、悪魔に従うのか、神のみを礼拝し、神に従うのかです。人間は、名誉とか富とか、そういうものを求め、いつしかそれなくしては生きていけないかのように思い始めるものです。そのようにして悪魔に従っている。つまり罪に陥っている。この世の繁栄、名誉や富、それらが悪なのではありません。それらのものがなくては人として生きていけないと思い、神を礼拝しないで生きる。そのことを、イエス様は断固として拒絶しているのです。「あなたの神である主を拝み、ただ主に仕えよ」とは、そういうことです。

弟子たちは「大喜びでエルサレムに帰り」（24・52）とあります。弟子たちは喜んだ。原文を直訳すれば「巨大な喜びと共に帰った」です。これと似た言葉が、イエス様がお生まれになった時の天使の言葉の中に出てきます。その時、天使たちは、当時人々に見下されていた羊飼いに向かって「恐れるな。わたしは、民全体に与えられる大きな喜びを告げる」（2・10）と言い、こう続けます。「今日ダビデの町で、あなたがたのために救い主がお生まれになった。この方こそ主メシアである」（2・11）。

地上のすべての民に告げ広められていく大きな喜びの知らせ、それが「救い主」「主」「メシア」であるイエス様の誕生です。この時イエス様は、家畜小屋の飼い葉桶の中で布に包まれている赤ん坊です。しかし、この方がすべての民の救い主であり、主、メシアなのです。そのことがはっきりしたのが、十字架の死を経て三日目の日曜日の朝に復活され、弟子たちに現れて平和を告げられ、天に挙げられた日なのです。

イエス様が地上に誕生した時、天使の大群は賛美を始め、こう言いました。

「いと高きところには栄光、神にあれ、
　地には平和、御心に適う人にあれ。」（2・14）

人に平和をもたらすのは、いや、もたらすことができるのは、この神様だけなのです。この平和は戦争のない平和ではなく、神様との間の平和だからです。

神様が、家畜小屋で生まれた赤ん坊を十字架の死、復活の命、弟子たちへの顕現と昇天を通して救い主、主、メシアとし、地上にも神の国の「平和」を造り始めている。神様は、人々に向かってこの平和の中を生きよと招いておられるのです。その招きに応えた者がキリスト者になるのです。

賛美

最後の言葉は「神をほめたたえていた」（24・53）です。原文では、50節と51節の「祝福」と同じユーロゲオーです。「良きことをする」という意味で、それを「祝福する」とか「賛美する」と訳しているのです。

かつての神殿、今の礼拝堂で捧げられる礼拝には、神様からの祝福と私たちからの神様への賛美が満ちています。彼らは、そして私たちはどういう意味で祝福され、なぜ、神を賛美しているのでしょうか？

イエス様は、十字架の死と復活は律法や預言書、詩編に書いてあると言われます（24・44）。続けて「罪の赦しを得させる悔い改めが、その名によってあらゆる国の人々に宣べ伝えられる」（24・47）と言われます。そして、弟子たちがそのことの「証人」（24・48）となるのです。

ここに「罪の赦しを得させる悔い改め」（24・47）とあります。「悔い改め」とは「方向転換」のことです。それまでは自分に向かって生きていたのに、悔い改めた時から神に向かって生きる人間になったのです。罪を赦されたからです。その時から神の方に向かって生きることを、知るようにされたからです。イエス様が十字架に磔にされて死んでくださり、三日目の日曜日に復活して、逃げてしまった弟子たちに現れ、神様との間に「平和」（24・36）を造り出してくださったのです。そこに罪の赦しがあり、悔い改めが生じ、神様への祝福（賛美）の源があるのです。それは、自分のような者がキリストの証人とされたことの喜びです。

私たちも、イエス様の姿を見つけることはできません。しかし、礼拝の中で、神様がイエス様によって私たちの罪を赦し、平和を与えてくださったと説教者は繰り返し語ります。そして、聴衆はそのことを新たに知り、神様を心から賛美するのです。神様は、その独り子イエス・キリストを通して、私たちに対して良きことをしてくださったのです。私たちはそのことを感謝して、神に良きこと、つまり賛美を捧げる。そして、証人に造り替えられるのです。私たちは、礼拝においていつも新たに証人に造り替えられるのです。それは、イエス様が私たちをお見捨てにならないからです。だから、私たちは今もキリスト者なのです。私たちの功績でキリスト者になったわけではありませんし、今も自分の力でキリスト者であり続けているわけではありません。すべては神様の愛のお陰なのです。

最後に詩編の言葉を引用して終わります。

「主を賛美するために民は創造された。」（詩編102・19）

あとがき

ルカによる福音書は、神殿で始まり神殿で終わります。それは、礼拝で始まり礼拝で終わっているということでもあります。天の神様は、独り子なるイエス様を通して旅されたのでしょう。

神様は、御独り子イエス・キリストを通して、天から地に降られました。そして、地ではガリラヤ地方のナザレからユダヤ地方のエルサレムまでの旅をしました。それは、私たちの旅行とは違います。その旅は十字架・復活・昇天・聖霊降臨・教会の誕生・福音伝道に至る旅、罪に支配された罪人を救うための旅でした。

ルカは、イエス・キリストの昇天で終わる福音書に続けて、「使徒言行録」で福音伝道する教会の現実を書きました。イエス様の旅は、私たちの罪を赦し、私たちを罪の支配から解放して、神の方に向かって歩き出させる旅です。「悔い改め」とか「救い」はそのことを表しています。それらを引き起こす旅は、自分を低く低くする旅でした。

天から地に降るということは、絶壁から飛び降りるようなものだと思います。しかし、神様はイエス様を世に降します。神様はこれまでのあり様を捨てて、新しい神様になったのだと思います。新しい神様を体現するイエス様はこの世ではあり得ない「神の国」の秩序を表します。人々が違和感を感じる中（4・16―30）、イエス様は旅を続けられたのです。

この本のカバーには、ザアカイとイエス様の出会いを描いた絵を選びました。この場面にしばし目を止めたいと思います。イエス様よりも高くおり、いちじく桑の葉で全身を隠しているのはザアカイです。これが罪人というものでしょう。罪人は、高慢だけれど、自らの姿を隠しているものです。ザアカイは「徴税人の頭」をやめたわけではありません。でも、彼は「悔い改めた」のです。「富がすべて」の生き方をやめ、隣人に対する愛に生きる決意を表明したのです。

その姿を見たイエス様は、こうおっしゃいました。

「今日、救いがこの家を訪れた。この人もアブラハムの子なのだから。人の子は、失われたものを捜して救うために来たのである。」（19・9―10）

イエス様の旅は、これからも続きます。その本質は神様の愛です。イエス様は、上から目線で私たちを見ているのではありません。私たちよりも低い所から、私たちに呼びかけておられるのです。

「悔い改めよ。神はあなたたちの罪を赦し、神に向かって生きる者にしてくださる。」

その旅は十字架にまで続きます。そして、罪人に代わって神の裁きを受けたイエス様を、神様は復活させ、天に挙げ給いました。それは罪と死に対する勝利を表しています。そのイエス様が弟子たちを祝福し天に挙げられたのは、私たちが信仰によって死を越えて、天に向かって旅をする人間にされたことを表します。どうして、神殿で神を礼拝（賛美）しないでいられるでしょうか。

『ルカ福音書を読もう』の原稿を日本キリスト教団出版局の土肥研一さんに依頼していただいたのは二〇一八年の秋でした。現在は白田浩一さんが編集者として、多くの導きを与えてくださっています。感謝します。

私は週に一つを目標に原稿を書き始めました。ルカ福音書がイエス様の「旅」を描いているとはよく言われることです。今回、読み直してみて、その「旅」は神様が新しくなる「旅」であり、その神様とイエス様を通して出会う時、私たちも新しくされるのだと分かったような気がします。

二〇二一年八月　　及川　信

及川　信　おいかわ・しん

1956年、東京生まれ。1980年、立命館大学文学部史学科卒業（東洋史専攻）。

1984年、東京神学大学博士前期課程修了（旧約学）。

1984〜1986年、日本基督教団仙川教会伝道師。1986〜2001年、単立松本日本基督教会（現日本基督教団松本東教会）牧師。2001〜2017年、日本基督教団中渋谷教会牧師、青山学院女子短期大学、青山学院大学非常勤講師（キリスト教学）。

2017年4月より、日本基督教団山梨教会牧師。

《著書》

『ルカ福音書を読もう　上　この世を生きるキリスト者』（日本キリスト教団出版局）、『アブラハム物語　上　説教と黙想』『アブラハム物語　下　説教と黙想』『アダムとエバ物語　説教と黙想』『ノアとバベル物語　説教と黙想』『天地創造物語　説教と黙想』『イエスの降誕物語　クリスマス説教集』（以上、教文館）、『盲人の癒し・死人の復活　ヨハネによる福音書　説教と黙想』『主の祈り　説教と黙想』『神の国　説教』（以上、一麦出版社）

ルカ福音書を読もう　下　下に降りて見つける喜び

2021年9月15日　初版発行

著　者　及　川　信

発　行　日本キリスト教団出版局

169-0051　東京都新宿区西早稲田2丁目3の18

電話・営業03（3204）0422、編集03（3204）0424

https://bp-uccj.jp

印刷・製本　三秀舎

ISBN 978-4-8184-1068-8　C0016　日キ販

Printed in Japan